教育脑科学

点燃孩子的自主学习力

[西] 弗朗西斯科·莫拉 著

康建召 译

湖南教育出版社

·长沙·

著作权所有，请勿擅用本书制作各类出版物，违者必究。

图书在版编目（CIP）数据

教育脑科学：点燃孩子的自主学习力 /（西）弗朗西斯科·莫拉著；康建召译. -- 长沙：湖南教育出版社，2025.3
ISBN 978-7-5539-9928-9

Ⅰ.①教… Ⅱ.①弗…②康… Ⅲ.①学习方法 - 青少年读物 Ⅳ.① G791-49

中国国家版本馆 CIP 数据核字 (2023) 第 252878 号

Original title : Neuroeducación: Solo se puede aprender aquello que se ama
©Francisco Mora
©Alianza Editorial, S.A.,2021
Current Chinese translation rights arranged through Gending Rights Agency
湖南省版权局著作权合同登记章字：18-2023-327

JIAOYU NAOKEXUE——DIANRAN HAIZI DE ZIZHU XUEXILI
教育脑科学——点燃孩子的自主学习力

出 版 人：刘新民
责任编辑：陈慧娜　陈逸昕
封面设计：仙境
出版发行：湖南教育出版社（长沙市韶山北路443号）
电子邮箱：hnjycbs@sina.com
网　　址：www.jiaxiaoclass.com
微 信 号：家校共育网
客服电话：0731-85486979
经　　销：全国新华书店
印　　刷：三河市嘉科万达彩色印刷有限公司
开　　本：880 mm×1230 mm　1/32
印　　张：9.75
字　　数：200000
版　　次：2025年3月第1版
印　　次：2025年3月第1次印刷
书　　号：ISBN 978-7-5539-9928-9
定　　价：59.80元

本书若有印刷、装订错误，可向承印厂调换。

当前的科学与其在课堂上的直接应用之间存在着鸿沟。大多数科学家认为现在谈论弥合这一鸿沟还为时过早。当今的教师所接受的程式,只是根据大脑中的知识进行教学。而这些程式中,还包含数量惊人且仍然在许多学校中大行其道的虚假信息。

乌莎·戈斯瓦米(Usha Goswami)

有时,科学家们认为谈论教育生物学相关问题还为时过早。他们认为,科学必须首先厘清的深层次问题是有关大脑与心灵的关系是如何运作的。但是,我们可以肯定的是,(现在的)科学研究将会在学习和发展领域获得重大发现。

菲舍尔(Fischer)、丹尼尔(Daniel)、伊莫迪诺·杨(Immordino-Yang)、斯特恩(Stern)、巴特罗(Battro)、科尔祖米(Kolzumi)《心智、脑与教育》(Mind, Brain and Education)杂志编辑

第三版前言

《教育脑科学：点燃孩子的自主学习力》（原书名 *Neuroeducación. Sólo se puede aprender aquello que se ama*）一书首版至今已近十年，在此期间，该书多次重印并改版，现在我们推出的是该书的第三版。亲爱的读者，在您当前正在阅读的第三版前言中，我想要强调的是两个对我具有高度情感意义的词：喜悦和感谢。首先，喜悦（在当今喧嚣和快节奏，甚至有时不太受控的文化世界中，这种情感日渐稀缺），使我领略了读者对本书的兴致以及留下的不乏积极看法的点评，还有在

▶ **教育脑科学**

看到各种论坛上这本书多年来一直在激发着人们的兴趣时油然而生的情感。品评本书的读者来自各行各业，但主要是教师群体，因为教师们能把该书与自己的工作相关联。我非常敬佩他们的工作。教师们不仅可以在这本书中发现全新概念视野下的教育，还能找到有可能在课堂上加以应用的某些要素和想法。其次，喜悦为因，感谢为果。这种真挚的感谢是我所真正体验过的。坦率地说，我非常感谢所有的读者，正是他们的关注，才凸显了这本书的价值，感谢他们让这本书产生日趋深远的意义。读者的鼓励让我拥有了更丰富的个人体验，这也是对我所做工作最深厚的回馈。

实际上，"神经教育"一词一直是一个术语，其在教育界的使用几乎呈指数级增长。的确，前缀"神经"有时也有些贬义，常被用于各种主题书籍书名的开头（如神经肿瘤学、神经武器、神经内分泌学等）。但我相信，所有这些都将在未来时代"沉淀"下来。我指的是未来将会有一系列带有"神经"这一前缀的术语,在被称为"第三文化"(人文和科学的融合)的框架内,自一开始并往后与医学术语的真正概念价值相伴。我认为今天没有人会怀疑神经外科、神经病学、神经化学、神经生理学等术语的语义价值。在我们正在进入的这个新世界和文化中,神经教育也正发生着同样的情况。《教育脑科学:点燃孩子的自主学习力》目前正在被翻译为英语、意大利语和希腊语等其他语言。

对我来说,神经教育就像一个生命体,随着我们对大脑工作机制认知的了解而不断发展和演变。神经科学正在加速扩展和进步,它融合了其他学科的知识,如心理学、社会学、哲学以及遗传学等,令人震惊的是甚至还包括表观遗传学[①]。也就是说从人文学科开始,我们将会更深入地了解教育和教学范式转变与方向改变的生物基础——大脑。毫无疑

[①] 表观遗传学:是研究在不改变DNA序列的情况下,通过DNA甲基化、组蛋白修饰等机制,将基因表达状态和相关性状传递给子代的学科。

问，这将产生崭新和富有成效的知识。在整个文化中也会发生同样的情况，因为所有这一切也将令我们与新学科重新邂逅，最终产生更全面且经过验证的知识体系。

我仍然希望我们能够继续沿此方向耕耘不辍，继续犁好这片沃土，静待新的种子生根发芽，届时，教育也会出现新的维度。一束新注入的光将为我们照亮我们当前教育中存在的阴影。

最后，我想再次感谢我所有的读者，也感谢我的编辑瓦莱里娅·乔姆皮（Leria Chompi）和杰米·罗德里格斯·乌里亚特（Jaime Rodriguez Uryat）。感谢前述各位，感谢他们的远见卓识，他们总是对本书的编写工作持清醒的态度。感谢所有为本书所做的无比重要而且细心工作的人。最后，感谢来自马德里康普顿斯大学（简称UCM）的许多同仁，也感谢来自许多其他专业的众多同仁，感谢他们同我进行的轻松和非正式的对话，我可以通过他们的真知灼见来甄别自己的某些想法。

第二版前言

这本《教育脑科学：点燃孩子的自主学习力》已经在许多高中教师、大学教授和来自不同知识领域的读者手中"生活"了四年。如果说这段时间发生了什么事，那就是他们对基于大脑工作机制的新教学和教育越来越感兴趣。的确，这些教师中的许多人，尤其是中小学教师会问到我们：什么时候能看到一本详细介绍如何在学校和课堂实践中应用这些关于大脑的新知识的书呢？遗憾的是，现在只能将神经科学的点滴进步形诸文字，但还不能以某种规范的方式来做到指导这一学科的实际应用。另外，本书的编写初衷是找到克服技术和语言困难的方法，并将这些知识准确无误地传递给教师们。

实际上，教学情感基础的建立及应用，以及在课堂上点燃学生的情感火花都无比重要。教师需要激发学生的好奇心，也就是说，能让所教的内容令学生好奇。好奇心是打开注意力之窗的钥匙。有了好奇心，学习和记忆会相伴而来，相得益彰，这些都能助力新知识的获取。本书的二十二个章节以此为基础并辅以适用的实例，阐述基于大脑功能的教学和教育的许多重要成果，这也是本版修订想要呈现的内容。

我在此重申，本书想表达的观点是，为确保顺利迎接教育和教学即将到来的重大变化，我们已经储备了足够的信息，而且已经掌握了基于神经科学而获得的数据。很少有人从科学的角度讨论这一点，即我们用自己的语言和行动去思考、感觉、学习、记忆和表达，这种表达是我们大脑与身体其他器官，也是大脑与周围一切不断互动的体现，互动的方面从物理和化学，到我们生活的环境、社会和文化。

这就是促使我们继续神经教育之旅的原因。这一旅程必须缓慢而坚定地进行，需要耐心和深思熟虑。实际上，知识从神经科学安全转移到课堂存在许多问题。一方面，神经科学本身还有很长的路要走；另一方面，将我们的神经科学知识传递给教师并应用于课堂面临着巨大的困难，但我们已经在这条路上走了很远。

明显的是，已经开始的神经教育旅程唤起了我们对新知识的渴望，这些新知识将引导我们更好地进行教学和教育，并揭开神经神话和教学相关的"虚假"的面纱，走上真理之路。尽管教育很大程度是建立在坚实的观察基础上的，并在此基础上建立了坚实的教学支柱，但仅仅这样是不够的。现在，随着科学知识的不断增加，一个新的领域出现了。它基于科学方法的三大坚实支柱（观察、实验和假设），当然还有心理学和人文学科的结合。此外,在这个社会深刻变革的时代,我们需要查找和发现教育面临的问题,例如网络和社会体系对学习和教育的影响。无论如何,我将永远不会厌倦地重复这一点,这本书受到了教师、家长和其他不同读者的好评,清楚地表达了教育专业人士对神经教育和这种变化的兴趣。

所有这一切都让我们对西方社会的重大变革抱有希望,最终开始深刻地认识并接受教育对人的影响。例如,我们已经意识到,以必须遵守的现有规范为基础的价值观教学不能从孩子青春发育期或青年时期才开始,因为这时已经很晚了(取决于我们对大脑发育、突触组织和连接通路的髓鞘形成的了解)。基础的东西,如这些价值观的基本观点(守时,信守承诺,尊重他人,责任感,自力更生,个性,控制冲动的情感、行为和语言等),我们需要在孩子低龄时就开始施教(比如在孩子3岁时)。当然,6岁左右的孩子就可以开始树立自由、尊严、平等、崇高、正义、真理、美丽或幸福等价值观。而且我们需要在整个儿童周期继续这些教导，一直持续到中等教育阶段。值得注意的是，这种教学必须由成熟的教师施教。这里的"成熟"是就他们的大脑回路和神经网络而言（前额叶和大脑皮层的其他关联区域），这一成熟年龄段约在27岁之前。就我们这个国家而言，教育界的巨变即将到来，我希望这种变革建立在真正的、深思熟虑的国家教育公约的基础上。

在新版《教育脑科学》中，我加入了关于价值观的一章（第十二章："价值观教育"）；也在每一章都加入了对其内容的反思总结，并对其他章节（本版本的第八、十八和十九章）进行了一些更改和一些想法的简要拓展。此外，我还添加了相关的最新参考书目，可以帮助读者深入了解书中所表达的思想的来源。我希望这一新的基于循证教育的"梦想"将照亮坚实的未来。

▶ **教育脑科学**

  我谨再次向所有的读者表示衷心的感谢，也感谢那些对我的演讲和公开讲座感兴趣的人。我也想感谢所有通过媒体或社交网络与我联系的读者。

  最后，我想在这里向联盟社论出版社的编辑克里斯蒂娜·卡斯特里洛（Cristina Castrillo）表示深深的感谢和爱戴。多年来，她一直为我不同版本的书籍的编辑呕心沥血。

于马德里，2017年3月

前　言

2009年初，新教育之钥基金会邀请我在毕尔巴鄂（Bilbao）做了一次演讲，题为《了解大脑，更好地教学》。那时，我第一次把平时写作的神经教育主题笔记串了起来，也是从那一刻起，我萌发了把这些笔记整理成一本书的想法。2010年夏天，我在利马举行的第一届世界神经教育大会上发表演讲后，进一步确定了这种想法。

近年来，人们对学习神经科学和教育，及在两者之间建立桥梁的兴趣迅速增加。全球最著名的科学期刊上出现了越来越

▶ **教育脑科学**

多的相关出版物和社论（见本书后附的参考书目）。社会许多专业人士对大脑与教育关系的兴趣如此之大，以至于产生了一种渴望，特别是教师，他们想要获得这一领域的所有新知识。教师们似乎觉得十分有必要将这种新知识引入中小学教学中。在大学中也有类似的反馈。最近发表在《科学》杂志上的一篇题为《教育学与神经科学》的社论说：

> 人们对"循证"教育的企盼与日俱增，也恰逢神经科学领域取得巨大进步，该领域的成就引起了公众极大的兴趣，由此也引发了公众对于神经科学推动教育改革的潜力的持续讨论。

的确如此。正如我刚才所指出的，今天人们对改变、创新和改进以大脑知识为基础的教育和教学产生了前所未有的兴趣。世界领先的教育机构和一些政府机构也明确表示了这

前言

种兴趣,特别是在美国。学习、记忆、教学、教育和获取所有广泛的知识都是由大脑完成的,这显然证明了我在前面段落中所说的话是正确的。

本书旨在强调并以批判的视角,用通俗易懂和简洁的语言,提出一些关于所谓神经教育及其含义的观点。因此,这是一幅抽象的画,在有边框的画布上只知道作画的技法,提醒人们教育中潜藏着什么。这是一本试图强调目前大脑和教育之间关系的书,并非想在学校中立即应用,而是思考如何建立这种关系。从这一角度来说,神经教育的研究是富有成效的。这类主题的书籍是对神经教育学科未来新发展的热切展望,关于如何更好地教与学,当然还有更好的教育的改变已经开始了。因此,希望这本书能将这些新思想带给广大的读者,不仅包括教学专业人员或脑科学家,还包括父母、家人和朋友等。更好的教育确实取决于每个人,因此我们都必须知道这些变化是以什么方式(大脑层面)为基础的。我希

▶ 教育脑科学

望本书末尾列举的参考文献和科学出版物清单能够帮助那些对神经教育感兴趣的人拓展对这一主题的认知。

我在爱荷华大学卡佛医学院分子生理学和生物物理学系学习期间,被聘为海伦·C.莱维特(Helen C. Levitt)2011—2012学年客座教授[我衷心感谢凯文·C.坎贝尔(Kevin C. Campbell)教授的建议和努力,最终使我受聘],这对我的写作大有裨益。这是学习的一年。通过这一年的反思,我在许多不同的学科领域进行了大量的阅读和写作,的确不虚此行。我与几位同事就各种各样的主题进行了多频次的对话,这些对话包括怎样开展神经教育的一般教学,特别是如何在大学开展优质的神经教育教学。为此,在这里我要向托马斯·施密特(Thomas Schmidt)、欧文·柴巴塔(Owen Chebata)、拉-费尔·卡贝扎(La-fil Cabeza)、埃德加·福尔克(Edgar Volck)、安德鲁·鲁索(Andrew Roussos)、黛博拉·西加洛夫(Debra

前言

Sigalov）、米-凯尔·安德森（Mi-kyle Anderson）和马克·斯坦尼斯（Mark Stennis）表示感谢。当然，还要感谢那些多年来在马德里康普卢坦斯大学医学院的教学前沿日复一日教授人体生理学的教师们，特别是阿尔贝托·德尔·阿科（Alberto Der Ako）、豪尔赫·加西亚·西奥-内（Jorge garcia Theo-Ney）、赫苏斯·特雷斯格雷斯（Jesus Tres Grace）、维森特·拉赫拉（Vicente Lahla）、玛丽亚·安格尔斯·维拉努阿（Maria Angels Villanua）。尤其是格雷戈里奥·塞戈维亚（Gregorio Segovia），感谢他为我提供了关于这个主题的大量参考书目。还要感谢孔查·马加里尼奥（Concha Magarinho）和安杰拉·阿莫雷斯（Angela Amores），他们为我提供了极大的帮助，帮助我搜寻很难获取的参考书目。我还要感谢在此没有提及名字的许多人，他们在会议和座谈会上向我提出了他们对这些主题的想法和意见。我对所有人的感激之情，让我对教学充满了热情

▶ **教育脑科学**

和责任感,也因为这种情感,我一直在努力利用可得的知识以达到更好的教学效果。同时,在这个过程中,我也在不断学习并提高自己的学习能力。

引 言

人们普遍认为，在西方社会，也许由于全球化和各种文化的加速融合，人们开始比以往任何时候都更加重视教育，将其视为最重要的研究课题之一。这种重要性，不单指教育本身，还包括我们所学的知识和我们获得的知识，以及我们获得知识的方式。但似乎以上这些向来不容易被认为是重要的课题。随着神经科学提供新的知识，我们开始意识到它的重要性。康德在他的著作《教育学》中说，教育使人成为人。他的观点是对的。但康德不知道的是，教育是如何在

▶ 教育脑科学

人脑中起作用的。这正是当前的心理学和认知神经科学要揭开的谜底。

现在，许多学科和专业领域的专家都开始意识到，中小学、大学的学习和教学改革势在必行。我们知道了良好的教育会使大脑产生深刻的变化，而这种变化有助于改善随后的学习过程和人类的发展。对大脑的研究引入了新知识，我们可以通过研究新技术和新方法来干预和改善学习的过程和大脑的发展。不仅如此，我们也知道了建设优质学校的重要性，学校要有充足的光线，要控制温度和噪声；换言之，学校本身的建构（神经建筑）与周围环境和其文化氛围息息相关。简而言之，这是一个寻找和规划更好的教学工具的问题，通过解决这一问题促进学科的学习，发现阻碍正常学习的心理和大脑的故障，促进同理心、利他主义和协作精神等。

我们需要在新一代中建立一种批判性和创造性的思维，

引　言

以消除数千年来给人类历史蒙上如此多阴影的神奇思维的迷雾。也就是说，孩子们在学校接受的教育发生了变化。今天所有人都能认识到大脑在出生后如何发育，以及大脑从周围的一切（从孩子出生后看到光明的那一刻起）中学习的科学知识将对教育产生深远的影响。这种影响促使各国政府制定和推行新的教育政策，并增加对教育的经济投资，特别是对学校的投资。因此，教育过程的每一步都很重要，包括从高中到大学获得的良好的专业培训或教学研究培训。此外，我强调大学，是因为无论是在人文学科还是在科学领域，它都是批判性思维、分析性思维以及创造性思维教学的结晶。

所有这些都不应该成为哲学上的空想，因为我们确实正站在一种新文化的大门旁，这是一种基于大脑的文化。随着这种新文化——神经文化的发展，我们开始对人文学科以及人类如何看待自身进行了重新评估。现在，与神经教育相伴的新学科，如神经哲学、神经伦理学、神经社会学、神经经

> 教育脑科学

济学和神经美学正在涌现。在不同的知识分支中，还有更多的知识正在被重新评估，这些学科致力于破译在整个人类进化过程中控制大脑运作的密码。所有的这些都代表着一个新的视角，意味着科学，特别是神经科学，已进入了文化领域。这无疑将有助于我们更好地理解人文学科，即人类。

在许多国际论坛上（包括各种学科的专家会议和大会，在专业或热门期刊上发表的文章，当然还有媒体上的评论、通信等），人们已经开始谈论我们需要汲取认知神经科学与认知心理学相结合而带给我们的知识，并将其引入课堂上，以便更好地学习和教学。也就是说，要以比过去更有效的、更耳目一新的方式，使用教育新策略来帮助教师和学习者。对于后者的研究，不仅是儿童，而且是人类的整个发展过程，即新生儿、童年期、少年期、青春期、成年初显期和成年期，以及整个我们称之为衰老的复杂期，在上述这些时期或阶段，学习和记忆一直在进行中。显然，新知识可以帮助我们设计出更适合个人不同学习时期和不同学习需求的新方案。

因此,我们正面临着一个新的"反思时代",在这个时代,即将建造的建筑的图纸正在设计。在这个架构中,我们开始勾勒出最初的隐喻成分和相应的颜色,即我们正努力集中精力解决神经科学和教学中出现的许许多多的问题。我们对孩子的大脑了解多少?教师是否可以用这些认知来改善教学?人类的大脑是如何学习的?我们对大脑在教学时的工作机制了解有多少?它是如何工作的?我们是否知道哪些大脑功能在知识的传播中是必不可少的,即适用于教学的?哪些对心理和大脑的损害,甚至是微小的损害,会阻止或阻碍儿童的学习?儿童的学习过程与成人或老年人的学习过程有何不同?教师是否可以将关于大脑的知识用于改进大学教学?是什么让"教师"成为"优秀教师"?

这些问题尚不能被正确回答,但我们可以勾勒出一些新的答案。无论如何,神经科学确实开始揭示我们所知的情感、好奇心、注意力、意识、心理过程、学习、记忆和记忆巩固的神经组成成分,以及从儿童到成人再到老年人的睡眠和生物节奏。此外,神经科学告诉我们,这些过程不是大脑中的单一事件,不是具有单独的神经基质,而是涉及大脑回路的多个过程,它们发生在不同的时间,位于大脑的不同区域,由不同的环境刺激启动。那么,深入研究这些概念,确定这些时间,并将它们与学习和教学的效率联系起来,可能会有助于更好地利用它们。例如,我们知道我们的注意力被吸引不是一个单一的、独特的现象,而是根据我们所接受到的刺激和我们的兴趣而涉及的不同的大脑运作过程。根据需要关注的不同主题,不同的"注意力时间"开始被摆上桌面。此外,尽管神经科学的研究还未明确这一点,但我们从心理学中已经知道,儿童的"注意力时间"(即儿童能够保持注意力的时间)与成人在学习具体感知和相对复杂的抽象概念方面时的"注意力时间"是不同的。而且,在不同情况下,听课的"注意力时间"也是不同的,并且相当依赖于他们之前接受的训练。从神经生物学和教育学的角度剖析所有这些要素的组成部分,可以帮助我们了解实际的"注意力时间"和必要的组成成分,以便能够使教学适应每个年龄段,并使其更加有效和高效,也有助于我们了解如何增加"注意力时间"和成分。这种剖析旨在推进神经教育。

许多著名的思想家和机构已经意识到了这一点,例如,剑桥大学创新教育中心和国际心智、脑与教育学会[①]通过《心智、脑与教育》杂志表述了以上观点。前述机构是一个研究中心,它正在努力从神经科学中汲取扎实和经过充分验

---

①国际心智、脑与教育学会(International Mind, Brain and Education Society,简称IMBES):一个国际组织,旨在促进生物学、教育以及认知与发展科学领域的跨文化合作。组织的目标是:改善教育学、生物学、发展科学和认知科学的知识状况以及它们之间的对话;为科学家、从业者、公共政策制定者和公众创造和开发资源;以及创建并确定有用的信息、研究方向和有前途的教育实践。

证的知识，并使其适用于教学，同时也致力于其他方面的研究。后述机构也遵循同样的方式发表这一领域的研究。

以上所述并不会遮蔽我们认识这一旅程所面临的问题。第一，最基本的问题是神经科学家用"语言"将神经科学知识传递给教师这一过程所面临的巨大困难，教师必须能够准确地捕捉到这方面的信息，并寻找适当的应用于课堂教学的方案。第二个主要问题是如何明确地选择有价值的神经科学数据，并传递给教师，帮助到他们的工作。第三，不要过分期待媒体甚至教师，从现实的意义上说，我们要了解这一新的知识冒险会带来的可能性，不要陷入往往是开放的虚假利益陷阱。正是在这条歧路上的"沉淀"导致了"神经神话"的诞生，即在学校中应用扭曲的神经生物学知识，或应用虚假的概念或错误的"神经"概念进行教学。有人在学校里提供关于"神经"的信息包，这些信息包被认为是有用的，可以指导教师改进教学，但事实并非如此。对于远离认知心理学或认知神经科学的大学教授来说也是如此。

　　这正是本书所要探讨的问题。我打算简明扼要地进行概述，使我们能够直观地接近神经教育一词所涵盖的内容。本书首先阐述了神经教育的概念，回顾大脑的基本支柱及其与环境的相互作用，也说明了我们为什么要讨论神经教育；然后概述了情感、好奇心和注意力等概念背后的基本的、经典的神经生物学和认知概念，还包括学习和记忆过程中更具体的概念。此外，本书还包括一系列对中小学、大学或工作日常生活产生决定性影响的因素，比如良好的睡眠，个人昼夜节律特征（其意义在于匹配合适的时段，比如在一天的早些时候或下午更好地工作），或者神经节律的重要章节。除了上述内容，还有前面已经提到的其他因素，如学校的建筑和周围环境、光线、噪声、温度、墙壁和图画的颜色，以及心理表现和互联网的概念，还对有阅读障碍、计算障碍、自闭症、多动症和注意力不足、焦虑、恐惧症或脑损伤等学习困难的儿童进行了一些思考。然后本书继续描述神经教育学的一些特征，掌握这些特征能够使教师变得更加优秀。本书还述及在大学促进创造性思维教学的必要性，最后提出创建一个新的职业（即神经教育工作者）的想法。

　　行文至尾，让我向大家总结一下。神经教育是将与大脑相关的以及大脑如何与周围环境相互作用方面的知识置于一个特定的教学和学习的框架中。最重要的是，它试图根据科学研究可以提供的数据，创造一个超越观点或意识形态的坚实基础，不仅可以让教育工作者受益，还可以惠及整个社会，包括家长、教育机构和媒体，当然还包括执行教育政策的国家领导人。然而，神经教育学目前还不是一门拥有规范知识体系的学科。正因如此，权威人士认为这是一次过早的冒险，因为目前可用数据稀缺且难以直接应用于课堂。的确，许多人指出，应该有更坚实的数据帮助我们能够更好地理解这些难以捉摸的问题，即关于大脑如何运作以产生心理过程的机理。但也有人持相反意见,他们坚定地认为,我们必须开始在这条道路上前进,因为关于大脑如何学习和自我扬弃的新知识正在以一种日益加速的方式不断涌现。这种变化是如此之快,以至于每隔一段时间我们就会吸收新的思想、见识新的机器、学习新的方法和践行新的沟通方式。第一章将进一步阐述这一点。

第一章	什么是神经教育？/ 1
第二章	某些基本的大脑支柱 / 11
第三章	尽早学习 / 25
第四章	早期干预 / 37
第五章	从蝴蝶的颜色到抽象思维 / 45
第六章	点燃思考的火苗：情感 / 53
第七章	教室里的长颈鹿：好奇心 / 63
第八章	知识之窗：注意力 / 73

| 第九章　区分和分类：学习 / 87
| 第十章　保存所学内容：记忆 / 97
| 第十一章　个性和复杂的社会角色 / 107
| 第十二章　价值观教育 / 119
| 第十三章　重复和犯错以及如何更好地教和学 / 133
| 第十四章　云雀和猫头鹰：优化教育活动 / 141
| 第十五章　神经神话：我们知道如何摧毁虚假 / 149
| 第十六章　在阳光下学习：学习的环境 / 161

| 第十七章　保持高效率学习和记忆的节奏：

　　　　　心理表现 / 169

| 第十八章　迎接新事物：互联网 / 177

| 第十九章　异常评估：从焦虑、阅读和计算障碍到

　　　　　自闭症和轻微脑损伤 / 187

| 第二十章　为更出色的新一代：升华高等教育 / 205

| 第二十一章　科学与人文学科：形成批判性和

　　　　　　创造性思维 / 215

| 第二十二章　神经教育工作者：培训新的专业人员 / 223

结　论 / 231

参考书目 / 235

第一章 什么是神经教育？

神经教育是一门基于大脑运作方式的知识为指导的教学和教育的学科。神经教育的学科建设，不仅基于人文主义的观察和解释，更基于客观数据、大脑发育和人类行为的对比证据。以上数据均基于科学的方法（观察、实验和假设）来实现。这两种方法，科学方法和人文方法，合理结合，将有助于我们更好地理解学习、记忆、教学和教育（价值观和规范）如何贯穿于人类的整个生命周期，不仅包括儿童期、青少年或青年时期，也包括成年期和老年期。

教育脑科学

神经教育是基于神经科学的一种教育新视角，是在神经文化的革命中孕育的新视点。神经教育以大脑工作机制的知识体系为工具，并与心理学、社会学和医学相结合，旨在改善和加强学生的学习和记忆过程，从而助力于教师的教学实践。

神经教育也是一个具有巨大潜力的开放性神经科学领域，它应当为教学提供有用的工具，从而在日益抽象和象征性的世界中帮助学生形成真正的批判性思维。神经教育的多个不同视角具有互补性：神经教育重在评估和改进教师的准备工作，帮助和促进学习者的学习过程（尊重任何年龄段的个性表现）。从某种程度上来说，教学领域才是新教育的诞生地。长期以来，教师们都希望找到基于科学事实，尤其是神经科学的新教育手段。即使被认为在学生教学工作方面有良好成果的教师，也承认并表示，如果能为他们提供有关情感、注意力、记忆等方面的最新科学知识，将对他们有很大的意义，并有助于提升教学技能。

神经教育不仅可以帮助我们提高创造力，还能帮助学习特定学科，例如数学。注意力并不是单一的神经现象，而是由大脑的多种机制支持的。注意力以不同的方式来实现注意过程，被应用于特定用途，我们可以增强对特定教学用途的"注意力"。对于记忆和许多其他与学习相关的过程来说，都是一样的道理。神经教育也开始认识到儿童在学习过程中的能力变化不仅与每一个体的遗传组成有关，还将社会、家庭和文化环境作为儿童学习能力的重要因素来考虑和强化。这些环境变化从人类出生起就存在。从已知的许多因素中举一例，吸烟会对胎儿产生影响，无论母亲是主动吸烟者还是家庭环境中的被动吸烟。与其他没有生活在这种环境中的儿童相比，母体受烟雾环境影响的儿童在出生后对感官刺激的反应较差或注意力广度易受损。在进入学校学习的前几年时间里，以上能力的不足或

▶ 教育脑科学

受损会影响这些孩子大脑机能的发育。

　　神经教育的任务是帮助识别可能干扰学习、记忆和教育的心理或大脑工作机制。当前，神经教育的千里之行仍在起点，这条漫漫长路将与心理学和认知神经科学的进步齐头并进。神经教育以神经科学为工具，在课堂上利用已经掌握的大脑工作机制（如情感、好奇心和注意力），以及启动这些学习和记忆机制过程，从而为知识获取提供支持。我们要利用这些知识，并尝试将其应用于学生的学习和教师的教学中，因为显而易见的是，要让学生在课堂上集中注意力，只是一味地叮嘱集中注意力并不能奏效。说教并没什么作用，尤其是再碰上一个"无聊"的教师。即便某位教师很活跃或课题很有趣，如果没有正确的方法，也不能提高学生的注意力。情感必须首先被"点燃"。以上这些"难题"的解决都亟待神经教育创造出能够激发学生对所传授内容产生好奇心的方法和资源。好的方法首先要适用于儿童的各个年龄分段；同样，在青春期、发育期和大学时期也要采取适用于学生个性和学科的方法。这些方法总是与欢乐、觉醒、快乐（而不是惩罚）相伴。我们已经知道"打骂式教育"在今天已不再被认同。用惩罚和痛苦刺激学习是一种很原始的方法，它固化于人类曾经艰难的生存时期。因为生存的需要，数百万年来人们在痛苦中艰难地学习，从而对一切伤害保持深刻的记忆，以求避免重蹈覆辙。不学习、重复错误甚至有可能付出生命的代价。然而，强化和快乐也是维持生命的基础，和前者一样强大。现在在学校没有人会是因为面临生命危险所以必须学习。这就是为什么今天应该而且只能通过快乐来传授知识，因为我们很清楚这些过程的大脑基础是什么。

神经教育不仅将神经科学（特别是认知神经科学）的成果应用于教学，还帮助教师理解大脑的工作机制，从而更好地进行教学和学习，特别是针对儿童的教育。其实大脑可不

教育脑科学

简单,我们可以从物理、化学、解剖学和生理学层面去解读它。我们要从以上这些方面下功夫,通过教育,让孩子们大脑中的某些突触生长或其他突触消失,形成行为表达功能的神经回路,以达到好的教学效果,这才应该是教师的想法(和责任)。这样的理念能够彻底改变教师们固有的教学观念。有了这些新的想法,教师的大脑也会发生变化,这一变化能够让他们意识到新式教育法远比单纯传递给学生知识要深刻。

让大脑的突触发生变化的教学方法才能被学生接受,才是真正好的教学方式。这种新的教学方式,可能已经改变了许多教师对教学的固有认知,使他们在看待教学时产生了不同的情感和认知基调。所有这一切都意味着一个重要的变化,这需要对教师进行新的培训,并用新的方案来填补大脑知识与教育和教学之间的空白,这些新方案主要是针对学校,当然还包括传播知识的各种机构的教学实践。

神经教育的意义,不仅在于它是一种有助于提高和改善

第一章 什么是神经教育？

技能和才能的新教学方法，更重要的是，它能够发现传统教育、教学的缺陷。这些缺陷使孩子们丧失或削弱他们阅读、写作、计算或学习特定科目的能力。神经教育的意义还在于预防或减轻由压力、消极或不断威胁的环境引发的一切不良后果，从而纠正孩子对大脑正常发育有负面影响的习惯。对幼龄儿童进行脑电图研究和分析，检测发现他们在学习过程中可能会遇到的干扰情况，以便能够及时予以纠正，并且不会留下痕迹，这就是神经教育的助力之功。例如，幼儿无法足够快地（同年龄孩子平均速度）分辨单词中的"da"和"pa"音，可能已经显示孩子有学习效率低的迹象，因此这些孩子在发育过程中阅读的速度可能会低于同龄孩子的平均水平。还有许多其他的问题，也能通过早期语言治疗、医学或行为心理治疗得以解决。已经被证实的是，在孩子生命最初的6～12个月里，我们已经能够发现许多会对后来正常的学习过程产生负面影响的重要现象。上述所有这些描述也适

▶ **教育脑科学**

用于儿童早期。例如，失读症、计算障碍、注意缺陷多动障碍①、自闭症或焦虑症等本身从心理干预中显著受益的综合征。功能性磁共振成像研究对这些治疗进行的后续研究已经证明神经大脑知识对教师大有裨益，会让他们在看待教学时产生不同的情感和认知基调。

神经教育包括了解学习和记忆过程中涉及的多种大脑组成部分，以及这些大脑组成部分在童年期、青春期到大学和老年的成年期的重要性。大脑在整个生命周期中都是可塑的。也就是说，它能够通过在任何年龄的学习而改变。当然，随着年龄的增长，大脑的可塑性机制会减少。因此，我们需要了解和评估这些机制，如果这些机制不能发挥其主要的作用，还需要了解和评估可以增强这些机制的不同组成部分。

因此，神经教育是学习和教学的一个崭新、开放的朝阳

---

①注意缺陷多动障碍（attention deficit hyperactivity disorder，简称ADHD）又称儿童多动症，是指儿童智力正常或接近正常，有不同程度的学习困难，自我控制能力弱，活动过多，注意力不集中，情绪不稳定和行为异常等症状。

领域。本质上，神经教育致力于建立起大脑功能和心理、行为的桥梁，建立以科学为根基的坚实的概念大厦，并且摧毁每一个制作粗劣的已有建筑（"神经神话"）。从这些总结中我们可以得出，神经教育的目标是：

（1）了解神经科学可以提供哪些工具应用于中小学或大学，以及在我们所理解的整个教育领域内，助力于不仅是普通教育还有专业教育的有效教学；

（2）成为用于检测神经和心理问题的工具，要知道，即使是微小的问题，也会阻碍或干扰到儿童在学校的学习；

（3）成为更好地形成批判性思维的工具，在情感和认知之间取得平衡；

（4）有助于更好地跨越西塞罗（Ciceron）所认为的桥梁，他曾说过："知道是一回事，而知道如何教学又是另一回事。"

第二章　某些基本的大脑支柱

我们所做的一切（包括感觉和思考），从根本上说都是大脑功能的表达，是大脑与身体其他器官以及身体与周围环境的持续对话。

大脑根据遗传的代码（即在进化过程中获得的代码）运作。但大脑也是一个可塑的器官，它在整个人类生命周期中不断变化（在人类刚出生后的变化多，在人类衰老过程中的变化少）。可塑性是大脑的遗传程序或属性，适用于每个人的生活。可塑性表现在变化中，这些变化是所有学习和记忆、接受的教育和所处的文化环境共同作用的结果。每个人大脑的物理变化是不同的。这种变化不仅体现在健康人的大脑中，也体现在人类由于遗传改变或创伤、分娩时的大脑损伤，或主要是由于早年接受不良教育或缺乏教育造成损害的大脑中。

人脑是一个非常特殊的器官，不仅因为它具有表达行为、语言、思想和情感的功能，还因为它在生物环境中的独特作用。生物进化的过程塑造了一个与其他生物（包括我们最亲密的近亲黑猩猩）迥异的人类大脑。人脑和黑猩猩脑不仅在大小和重量上有显著差异（黑猩猩的大脑约0.5千克，而人类的大脑约1.5千克），而且在精细结构和组织方面也存在显著差异。人类与黑猩猩的大脑虽然在许多部分也有非常相似的"设计"，但两种大脑的其他部分却呈现出具有明显差异的"设计"，特别是在大脑的前额叶皮质，人类有神经元组织和向其他皮质区域传递信息的节点，这些是形成思维过

第二章 某些基本的大脑支柱

程，特别是涉及理性思维、象征性思维、决策、价值观、规范和道德过程的基础。

在受精后的第十六天，人的大脑就开始发育。胎儿在子宫内发育的早期和晚期（特别是在晚期）过程中，大脑皮质的神经元重组过程非常活跃。这种发育会在人类出生后早期和婴儿期持续，产生大量的神经回路。人类出生后直到2岁，大脑中的树突和突触的数量也在不断增加。在这一阶段，感官信息的输入对突触组织的产生和发育非常重要。这在初级视觉皮层中被特别研究和证明。感官信息对突触发育和成熟的作用对于理解大量环境因素对大脑皮质组织发展的整体影响至关重要。

发育过程中突触的形成在人类大脑的不同区域之间存在显著差异。我们知道树突、突触的数量在妊娠34～36周增加并达到峰值，然后在出生后迅速减少。在出生后的2～4个月中，通常在大脑皮质中有一个渐进而快速的突触产生。这种突触产生因皮质区域而异。例如在初级视觉皮质，出生后8个月突触达到最大峰值，然后系统被重塑，突触逐渐丢失，到11岁时突触只剩下60%。

前额叶皮质的情况则不同。2岁时突触丰富度达到最大值，并缓慢进展持续到7岁。从那个年龄开始，神经发展的过程随着突触的丧失而重塑，也能达到40%，但这种重塑是渐进的。边缘系统（情感系统）在4~7岁完成突触成熟的过程，这取决于所讨论的大脑结构。例如，海马（记忆过程的基本结构）在4岁时就已经获得几乎与成年人相同的神经结构。总的来说，感觉区（边缘系统）突触的发展和丧失模式比联合皮质区早得多，当然也比前额叶皮质早得多。

人类出生后，大脑仍是一个连续的活动体，即使在强大的基因程序的控制下，它也强烈依赖于与周围感官和情感世界的关系。这是一场更具体的游戏过程，它建立在个人携带的基因和所生活的环境之间，使得世界上每个人都不同。但

第二章　某些基本的大脑支柱

是，大脑的构建过程并不是一个连续、同质、与自身和时间同步的过程。正如我们刚才在突触方面所看到的那样，大脑的发育是异步的，它有不同的时间作用过程。对于特定发展的基因组程序，我们可以将其描述为在某一特定时刻打开的窗口，正是在该特定时刻，来自环境、感官、运动、家庭、社会、情感或推理的某些信息可以通过它们进入。这些打开的窗口会随着时间的推移而关闭，为其他窗口的打开让路。

这些可塑性窗口或关键时期需要特定的环境刺激，这些刺激是许多大脑功能发展的基础，例如语言能力、视觉系统、情感调节、音乐技能或数学能力、第二语言学习以及认知过程（知识和推理）。总的来说，我们已经明白上述这些可塑性功能的子系统或组件的形成有不同的关键时期。

请允许我引用一个在其他场合提到过的比喻：它有助于你理解我想说的话。设想从受精的那一刻起，孩子大脑的发育过程类似于在装配线上制造汽车。汽车最基本的部件（基

教育脑科学

因）是由一条以一定速度（时间）运行的皮带运输的，沿途装配者会安装其他部件（环境）。这条路线的时间因某些条件而异，比如在路线的每个时期需要组装的零件数量或组装的难度（产前期、围产期、幼儿期、儿童期、青春期、成年期和衰老期）。汽车的基本结构可能已经存在缺陷，这些缺陷将在以后对其性能产生影响（导致某些疾病的基因突变），或者没有任何异常的基因，但汽车在装配者面前通过时未被安装适当的部件（环境）而出现缺陷。用同样的比喻，可塑性窗口的概念指的是当汽车沿着装配线运行并对其自身的内在变化进行编程时，需要调整来自环境这一部件安装的时间。也就是说，这是为来自环境的信息（部件）进行调整而打开的时间窗口，在这个关键时间之后窗口最终关闭。

生物学世界中最清晰、最明确的可塑性窗口案例是康拉德·洛伦兹（Konrad Lorenz）对鸟类行为的描述，称为"印随"。几乎每个人都知道鸟类在孵化后，会跟随第一个在它们面前移动的物体，而这通常是它的母亲。印随行为只能持续几个小时，在那段时间之后就会消失。对人类新生儿来说，许多功能也类似。例如，就视力而言，出生后最初几个月的时期非常关键，一周大的孩子如果短暂地丧失视力，这将会对他未来的视力产生明显影响。现在我们知道，在视觉系统中，视网膜、丘脑和众多皮质区域中不同回路的发展，如形状、颜色、运动等视觉信息的编码，是通过可塑性窗口开发的，这些可塑性窗口在不同时间打开，持续时间为几个月。这种可塑性适用于其他每个感官系统，也适用于情感系统的其他功能，例如与好奇心、情感、注意力、同理心、记忆机制关联的那些功能，并且它们不会在人4岁之前成熟，这显然对与学习和记忆有关过程的发展具有重要意义。

还有许多其他的可塑性窗口，其中最突出的是语言窗口。语言不是人类与生俱来的，但人类天生具备语言学习的潜力，这种潜力需要在特定的关键时期通过学习才能转化为实际的语言技能。一个在七八岁之前从未听过同伴说话的孩子，以后将永远无法与人沟通，或者说要做到这一点会面临巨大的困难和限制，因为语言的可塑性窗口差不多在这个年龄就关闭了。刚才提到的语言和视觉的可塑性窗口是复杂的，其中还有"子窗口"。例如，在语言方面，获取语义学（词义）的过程与获取句法（语言结构）的过程在时间上是不同的；在视觉方面，对所看到的物体不同组成部分的捕捉，如颜色、形状或动态的模样也各不相同。而且，在大脑中似乎不仅存在大型系统或子系统的窗口，在大脑的许多微回路中也存在持续数小时或数天的微小窗口。这些知识是否有助于更好地确定教学时间，例如，语法、英语或第三语言的教学，以及何时学习数学。

但还有很多其他的可塑性窗口，比如在青春期阶段的可塑性窗口在神经生物学水平上尚未完全被理解，但极为重要。了

第二章 某些基本的大脑支柱

解情感大脑在这个早期阶段的运作机制，以及它如何处理和编码遗传负荷、生物环境负荷、教育和文化负荷的复杂成分，在关键性的激素入侵的背景下，"开放"大脑并设定新的"个人"行为模式，对于认识另一个发展阶段即青春期后期的生物学根源是绝对必要的。正是在相对较长的青春期，大脑在其成为成人大脑的构造路径上经历了深刻的变化。这些变化不仅是对现成大脑的微调或"塑造"，而且是真正地"成为"成人大脑的过程，它包括死亡神经元的数量增加或减少以及剩余神经元树突分支和连接的粗细发生改变。

在我们正在考虑的这些窗口中，有一个大脑区域，即前额叶皮质，其成熟过程相当漫长。大脑的这个区域涉及我们大多数人的所有方面，从道德、伦理、逻辑或社会责任，到控制情感和冲动，再到决策和负责任地规划个人未来的生活。实际上，前额叶皮质直到25～27岁才完全成熟，此时髓鞘化过程完成，神经递质①功能也趋于稳定。在青春期，激素入侵并改变年轻人大脑的连锁反应中，哪些窗口打开了？什么时候会关闭？在漫长的青春期，正如我刚刚指出的，很多神经元死亡了，大脑皮质的某些区域发生了新的重组。在这一切因素里面，环境中的哪些因素、刺激与青少年和教育、教学最相关？在人类成长发展的不同阶段，我们都需要考虑类似的问题。

我们不妨继续简要地看一看已经成形和成熟的大脑。成人大脑基本上由大约100亿神经元和其他我们称之为神经胶质细胞（数量几乎是神经元的十倍）组成。分布在大脑皮质或小或大区域的一组相互连接的神经元组成了编码特定功能的神经元回路。作为发育期的延续，成人大脑仍然是可塑和不断变化的。神经元本身是可塑的，也就是说，由于其自身

---

①神经递质：神经元之间或神经元与效应器细胞之间传递信息的一种化学物质。

第二章 某些基本的大脑支柱

基因的作用，它在不断变化。它显然反映在组成这些神经元的回路中，在那里产生了我们每个人每天和终身的变化。正是个人与环境的相互作用才使大脑持续发生变化。实际上，学习和记忆也是这样，它改变了大脑的"突触回路"，是人类从出生到死亡需要经历的过程。

人脑是一个异质器官。它的大脑皮质被分为多个区域和结构。一方面，它包含特定的感觉区域，通过处理来自感觉器官的信息来实现对世界的感觉（如视觉、听觉、触觉、温度、疼痛、味觉、嗅觉等）；另一方面，它还包含负责制定运动程序的区域。此外，大脑皮质还包括联合区（关联区），这些区域涉及思维、抽象和象征性的思想的形成。现代神经科学已经提供了丰富的关于神经元代码的知识，这些神经元代码负责处理思维过程，并且已知这些代码被编码为开放的、非解剖的、空间固定的时间代码。在空间中大脑皮质分为两个结构，即两个半脑（右半脑和左半脑），它们具有互补的功能。大脑的功能统一是通过连接两个半球的解剖结构——胼胝体来实现的，胼胝体包含约2亿根神经纤维。

分别分析两个大脑半球的功能时，我们发现，右半球从根本上来说是一个整体而全面的大脑，它以恒定的方式将非常遥远的时间（事件）和空间（地点）联系起来。它是节奏、音乐、图像和绘画的生成器，是具有创造性的大脑半球。它在分散的、部分无意识的注意力下发挥作用。另一边的左半球则控制语言、逻辑和数学功能，也就是分析半球。它在集中的、有意识的注意力下发挥作用。两个半球总是协同工作，因为要实现任何特定的认知功能需要它们对话和信息传递。因此，在两个半球之间存在着持续不断的信息交流。初步了解关于心理过程、思维、语言、数学、事件在时间和记忆中的联系是如何形成的，以及最终意识和知识是如何在大脑中产生的，对于掌握神经教育的本质至关重要。

同样，要掌握教学的本质，了解情感的世界是至关重要的。情感的形成对应着大脑中的边缘系统或负责情绪的大脑区域。情感是推动世界的能量，其重要性主要在于，大脑皮质相应的特定感觉区域对所见、所闻、所触、所尝和所闻的信息进行无感情分析后，通过情感系统的过滤，为这些感觉赋予"好"或"坏"、"有吸引力"或"可拒绝"、"有趣"或"平淡"的标签。然后，当这些已经被赋予了情感意义的信息被传递到大脑皮质的关联区域时，就在那里构建了思维，并产生复杂的执行功能。同时信息还会传递到海马，形成感知和学习的记忆痕迹。换句话说，联想皮质创造的思想或想法已经被情感所影响。尤其是边缘系统中的一种杏仁核的神经回路结构，连接着大脑的几乎所有区域。因此，认知和情感是一个不可分割的二元组，它让我们确信，没有情感就没有理性。这是理解教与学本质的关键二元组。我们将在接下来的章节中很好地利用这些基本知识。

第三章　尽早学习

每个人都有不同的生命周期，以及大脑发育、成熟和衰老的时间，表现在人们在不同时期的感官知觉、运动行为、学习记忆和心理过程等各种能力上。

神经教育的目标是，根据大脑各种神经回路或排布并编码的特定功能网络的成熟程度，确定发展阶段，并找到最适合每个发展阶段的教学方法。阅读就是一个很好的实例，我们已知可以让孩子在不受苦的情况下获得这种技能的最佳年龄，我们也知道孩子形成价值观和规范的最佳年龄。

▶ 教育脑科学

　　我们讨论的大脑虽然能够独立工作、思考并做出自主决策，但激发其工作的信号却源自大脑之外的环境刺激。在上一章中，我们在谈论可塑性窗口时看到了其中的一些触发情况。尽管这种环境要刺激和激活大脑，前提是大脑也必须已将自己的内部激活，这也是事实。如果看到某样东西，不仅要它出现在你面前，你还必须有内心的活动，也就是情感，你才能把这样东西真正看清楚。实际上，在精子和卵子受精后几天，神经系统已经把周围环境的一切信息吸收进来，无论是胎儿在母亲子宫中的位置，还是母亲的一举一动或者正在经历的事情，以及母亲的压力、情绪反应、饮食、是否抽烟等问题。也就是说，大脑在自身构造的过程中就已经开始学习，改变神经系统的配置，使其不同于任何其他配置。这种差异或是个性，不仅是源于从父母那里获得的特定遗传因素，包括遗传和表观遗传，还源于上文提到的母亲怀孕时的行为而产生的其他因素的作用。但是，最重要的变化无疑是在出生后发生的。例如,一个出生仅42分钟的孩子就能以某种方式和"互动者"匹配手势,比如伸出舌头或张开嘴巴。有时,新生儿的能力让人感到不可思议,这清楚地表明,这个年龄段的大脑拥有能通过观察予以激活的神经回路,使婴儿的运动行为与另一个人的行为同步,即将感觉与行动结合起来的神经回路。实际上,新生儿大都对运动中的刺激物表现出较高的敏感性。最新的研究指出,人类早期阶段的学习过程,除了感知和行动之间的神经元联系之外,还有两个核心过程:计算或自动性质,以及真正的社会性质。

从计算性质来说,人们发现,儿童从很小的时候就拥有强大的技能,他们能够在没有任何事先培训的情况下自动捕捉和处理周围环境中的信息。例如,几个月大的孩子有能力理解什么是大的和小的物体。有一个实验可以证实:给一个月大的孩子看一组30个立方体,藏在窗帘后面;然后继续向孩子展示另一组,只有3个立方体,藏在另一边窗帘后面。

接下来在藏着30个立方体的窗帘后面，取走一大部分，只留下1个。在孩子面前，把藏着3个立方体的窗帘拉开，孩子不会表现出任何惊讶的神态。我们再继续展示，把原本藏着30个立方体的窗帘也拉开，孩子发现只剩下了1个，会做出惊讶的表情。孩子不会说话，但他似乎感到奇怪那一大堆方块去哪儿了。显然，孩子已经能够在他的大脑中计算出大小之间的差异，并在行为中表达出来，在这种情况下，其脸部肌肉的挛缩已经表明了某种困惑。这些负责计算能力的主要神经回路分布在顶叶，即左、右脑，特别是顶内沟，在大脑的这些位置构建了数字的意义和数量的近似意义。这些代码在人类之初就有了，已经在我们前人的大脑中存在了数百万年。有趣的是，其他动物物种，如海豚和猴子，当然还有类人猿，已经具备了区分或用直觉判断一组事物大小的能力。在知道如何进行精确计算之前，这些代码一定是做出重要决定的基础，例如逃跑（在许多敌人面前）或进攻（只有一个敌人），或者选择果实最多的树进行攀爬。很明显，这些代码长期以来一直为灵长类动物的生存而服务。

3岁之前，孩子就能分辨母语的元素和语音单位。实际上，儿童在大约6个月大的时候就已经有能力开始辨别单个单词，并在9~12个月大的时候以特定的方式对母语做出反应。据报道，美国和日本的孩子在7个月大的时候就能很好地分辨"ra"和"la"音节的发音，但在11个月大的时候情况就发生了根本性的变化。从这个年龄起，美国儿童的区分能力显著提高，而日本儿童的能力急剧下降。这些观察对于理解受人类所处文化调节的特定神经回路的早期形成是很重要的。

近年来，基于这些观察，我们设计了一种"算法"，即一组定义明确的元素，用来创建计算机程序，应用于机器人身上。这些机器人能够根据自身经验或与周围环境的互动自行改变其行为。将这些配备了上述算法的机器人的行为与儿童的实际行为进行比较,可以研究和分解语言元素的基本序列,这反过来有助于理解儿童的学习过程,并解释文化对这种学习的强大影响力。诚然,孩子的大脑不会不加区分地做这些计算,因为学习需要指示学习什么和何时学习的社会信号,当然还有孩子的情感基础,这会促使他们有意向去完成任务。这种"意向"在出生后的头几个月是非常重要的。

发展心理学已经确定了孩子出生后早期学习阶段必不可少的社会因素。今天我们谈论的是其中三种基本社交技能。这些技能对之后学校的教育和学习过程将具有非常重要的意义。这三种基本技能分别是模仿、共同关注和共情理解[1]。儿童通过模仿向他人学习,这是一种与生俱来的情感能力。实际上,这也许是最强大的社会学习机制。儿童模仿父母的一切行为,包括做什么和如何做、举止、说话以及相伴的手

---

[1] 共情理解:指教师站在学生的位置上敏感地觉察他们的知觉并体验其感情,对课堂行为具有很大作用。

势等。一个非常年幼的孩子看到他的父亲在打电话，会伸手去拿电话，并对电话发出声音。孩子以前没有训练过，似乎也没有先天的行为模式引导孩子在这方面做出特定的行为。模仿在学习过程中具有巨大的价值，因为它加快了学习速度，缩短了学习时间，增加了学习机会。孩子在发现有趣的东西后，会通过试错过程来摸索学习，这一过程不但需要大量的时间，还存在不安全因素。相比之下，模仿不仅加速了这一过程（因为孩子只需要"几乎"原样复制大人的行为就可以了），而且儿童通过直接观察事实来学习，在父母营造的安全环境中，有最实用的生存学习素材。

我刚才指出，模仿"几乎"是对某种行为的复制，但这种"复制"并不容易。"几乎"指的是，我们所说的模仿过程并不是对孩子所看到内容的完全相同的复制，而是与孩子所看到的内容相关的特定剪辑，往往带有成人追求的意图和目标。例如，当一个18个月大的孩子看到有人拿起一个杯子，但杯子掉在地板上时，孩子从中学到的主要是拿杯子，当他后来模仿这个行为时，不会把杯子扔在地板上。这样的例子还有很多。在这些模仿行为中，即使是模仿，也是有高度区别的，因为似乎孩子选择谁、什么时候去模仿和应用大人的行为，不是纯粹和被动的模仿，而是通过模仿自行发现解决其他问题的新方法。

第二种基本技能是共同关注，指两个人看着同一个物体或事件，这种现象已经被证明是在孩子的成长环境中一切沟通和学习的重要基础。例如，幼儿在1岁内，其一半的时间在观察他们视野中的事物时，会更经常性地朝着成年人的方向看。这种机制和过程把成年人和幼儿关联起来，使他们分享对同一物体或人的感知世界，这不仅有助于理解行为本身的意义，也有助于语言学习和社会交流。在这方面有一个非常有趣的实验：在某个房间里，一个1岁的孩子和一个成年人面对面地坐在一张桌子旁。在桌子的一侧有两个相同的物体（即两个物体具有同样能激发好奇心的能力），它们之间有一定的距离，但两个物体都在成年人和孩子的视线范围内。如果在孩子和成年人相互对视之后，成年人突然转过头，看向其中一个物体，孩子就会立即转过头也看向成年人正在看的那个物体。此外有实验证明，如果一个9个月大的孩子面前有一个机器人，只要后者头部向某个方向转动，孩子也会沿同样的方向跟着转。这也表明，孩子所做的事情似乎不仅仅是出于对机器人的好奇，而是跟着机器人的头部转动而转头。有趣的是，稍大一些（在12个月大）的时候，孩子已经不仅仅是简单地转动头部模仿成人的行为，而是理解凝视本身的意义。因此，如果一个人睁着眼睛再次看着上面提到的两个物体中的一个，孩子也会跟着看同一个物体；但如果他观察到成年人在转过头之前闭上了眼睛，那么即使成年人转过头，孩子也不会跟着转头。

孩子是如何在刚出生的几个月迅速、有效和毫不费力地

▶ **教育脑科学**

学习知识的？他们的大脑学习机制可以应用于我们的教育吗？未来是否可以用于改善学校的教育和学习？目前在这方面的研究着重于了解孩子在进入学校之前是如何学习的，并在此基础上努力设计出能够改进以后教育的方案。比如，对6岁儿童的神经影像学研究表明，孩子在入学前的学习机会差异与大脑差异相关，而大脑差异很可能会影响他们以后在学校的学习。简言之，从小就利用教育进步来增强社会互动似乎会给孩子们带来积极的长期变化，促进他们以后的学习以及增强他们与他人关系中的情感因素。

第三种社会技能是共情理解。感知和感受情感的能力是人类大脑成熟过程的关键，这个课题是当今最先进的计算研究和人类思维教学研究的核心内容。有实验表明，非常年幼的孩子在开口说话之前，就已经表现出共情和利他行为。当一个成年人在3岁以下孩子面前假装手指受伤并哭泣时，孩子往往会以同情的姿态接近成年人，把自己非常珍贵的东西（比如泰迪熊玩偶）给成年人。在实验中也可以看到同样的情况，如果机器人在一个小孩子面前模拟哭泣，孩子也同样会做出接近于安慰它的行为。这些经历来自大脑中根深蒂固的遗传密码，尽管它们会受文化环境、训练和他人（尤其是父母）行为的影响。此外，如果这些反应是由成年人表达的，面对儿童所遭受的伤害，它们就会转化为道德判断、情感和行为。在情感、同理心和同情心方面发现个体差异的根源是神经科学的一个中心主题，神经科学研究人类的社会认知发展及其对学习和教学的影响。

在关于儿童情感和同理心的这一章节中，我们开始看到它们对学校学习的重要影响。有些经验丰富、知识渊博的教师由于缺乏同理心和社会沟通技能，导致教学失败，使得某些孩子的学习冲动和对科目的兴趣中断。相反，有些教师尽管没有那么多的知识储备（甚至可以说知识较少），但他们能够启发孩子的思维，让他们对知识充满好奇。这是因为

▶ **教育脑科学**

这些教师具有共情能力，或者因为他们关心孩子并扩展了自身的社会和沟通技能。因此，情感是打开知识的大门，并由之构建成熟的人格。我认为，没有比情感更具有人类意义的话题了，它甚至比教育更重要。我们从出生开始就为这些相同的情感做好准备，在我们的行为中高举价值观并表达对它们的尊重。我们会看到在任一教学阶段，包括大学教学（第二十章），情感和同理心都具有特别重要的意义。教师和如何教授知识一直是教育的关键，在这个神经教育的新阶段仍然如此。情感、感觉、相应的大脑机制及其在行为中的表达仍然是基础，我们必须了解这些关键支柱，才能在教育中建立一个坚实的框架。

第四章　早期干预

神经教育致力于成为学校教育的先锋，及早发现影响教学和学习的细微问题。神经教育通过不断"吸收"神经科学的进展，并在没有错误和误解（"神经神话"）的情况下将其应用于教育。神经教育的一个重要目标是识别儿童成长中可能干扰未来学校学习的症状或缺陷，并通过心理治疗进行早期干预。

对于每个生命体，学习都是一次深入了解世界的过程。最近的研究表明，儿童从自身所处的环境中学习，并在出生后数小时内保持这种学习的无意识记忆。这一加速的情感、感受、知识和语言的获取过程的最初几年,是神经科学和认知心理学以及部分社会科学最关注的发展时期,因为这一时期为教育及其对个人未来的影响奠定了坚实的基础。我们需要在这段时间,对孩子的行为给予高度关注,如有必要,还需要进行早期干预,以预防、减少或减轻任何负面环境产生的后果。当然,还需要检测会阻碍或阻止正常学习和记忆过程的大脑和神经过程的症状。

稳定、激励和保护性的环境能够为孩子的大脑发展奠定坚实的基础,从而促进有效的学习。相反,不利的、惩罚性的和有压力的环境会影响甚至阻碍大脑回路的正常发育,从而阻碍孩子正常的学习。例如,关于压力环境(家庭、社会)对儿童大脑正常发育的影响,包括皮质醇等激素的不断增加及其对海马(学习和记忆过程的关键区域)神经元的负面影响方面的实验和临床知识都在不断更新成果。孩子无法

第四章 早期干预

以任何方式控制和应对任何持续形式的威胁，无论是父母造成的，还是因为没有父母为其提供保护伞造成的，这种威胁都会影响我刚才提到的杏仁核和海马的神经回路，从而影响到情绪和认知过程的发展。让孩子产生焦虑的机制会降低注意力，并对孩子学习和记忆过程产生严重的影响。它们还会损害神经元皮质，抑制机制的成熟，其恶化或延迟会导致冲动。诚然，在孩子后期的生活中，如果社会条件发生变化，这些机制可能会在一定程度上通过另一种后来成熟的大脑结构的发展而逆转——前额叶皮质。神经教育的核心思想是检测影响儿童学习过程的缺陷，并干预这些行为的发生，以便尽可能早地改变它们。

在谈到早期干预时，专家们说，四五岁的孩子已不再是真正的发现许多症状的早期年龄。许多缺陷表现得更早，因此干预措施应在该年龄之前进行。对于生活在消极环境中4岁之前的儿童，如受到威胁或惩罚，父母的无动于衷可能会导制孩子内心难以修复的伤害，因为这是关键的发育时间段，此后儿童的大部分大脑结构已经发生了变化。今天我们知道行为疗法不仅可以改善焦虑或冲动的情况，还可以改善注意力缺失、多动症或轻度自闭症及其他综合征的情况，这一点尤为重要（第十九章）。

因此，一些幼儿存在的行为缺陷，如果及早发现，可以通过行为治疗进行纠正。这些缺陷的持续存在会影响其行为的结果以及以后的教育和学习。有研究发现，出生体重过轻或早产（平均28.8周）的儿童就是这样，与足月出生的儿童相比，他们的学习成绩更低。当分析这两组儿童（9～16岁）对所听句子的理解水平时，他们同样激活了相同的大脑语言理解区域。然而，研究发现随着句子的复杂性增加，早产儿的额叶活化程度更高，而这在足月婴儿中没有发生。这表明，与足月婴儿相比，早产儿需要激活更广泛的神经网络，我们得出这样的结论，即早产儿仍然存在缺陷。即使这些缺陷让这些孩子在学校的日常教学条件下显得微小，但当以后复杂问题的增加，或在未来的职业生活中面临智力任务时，这些缺陷很可能会以一种显性的方式显现出来。

另一项研究表明，一组出生体重较轻的儿童后来在学习算术方面出现了困难，这一缺陷与左侧顶内沟的缩小有关。如上所述，该区域与运算功能密切相关。如果早期在儿童身上发现这些发育障碍，可以通过行为训练来治疗。这也表明，如果能够找到以对社会具有经济效益的方式开展个性化教育的方法，个性化教育就具有重要意义。实际上，已经有一些经济模型被提出，尽管仍在讨论中，但它们表明，在儿童早期对教育的投资越多，社会回报就越大，未来国家就会越富有。这一观点现在在较发达国家已经是一个开放的领域，并变得越来越重要。

因此，从这一新的神经教育角度来看，我们强烈呼吁积极干预、防止或减少对发育中儿童大脑的任何负面影响。这

▶ **教育脑科学**

需要人们意识到这种情况,并在家庭、社会和政治领域付诸实践,在父母、学校、社会援助和潜在的新神经教育工作者的工作中尽可能消除这些负面影响。本书第二十二章中也进行了讨论。对于在阅读、写作或数学记忆方面没有任何学习缺陷的孩子来说也是如此。在前一章中,我们已经提到了估计大和小的能力,这些能力在儿童早期就表现出来了。其他数学能力出现的时间要晚得多,比如准确计算量级,即算术。有趣的是,这两种类型的数学能力与大脑中处在不同位置的有关不同基质。估计和获得近似但不精确结果的能力(例如,判断10是否大于2)与视空间刺激有关(我看到的一堆东西比另一堆相同的东西大),取决于顶叶,更具体地说,位于顶内沟部分的神经网络的激活;而第二种能力,即进行精确数学计算的能力,与语言相关的神经网络密切相关,这些功能主要是由位于前额叶皮质的语言区域负责。心理学、认知神经科学和神经病理学的这些发现一直使心理学家和教师感到困惑，正是从这些发现中产生了有关学校教育的最热门问题。例如，这两种数学代码的哪一种组合能产生真正的数学天赋？这些知识能帮助我们找到有助于提高数学学习的方法吗？这些和许多其他发现能帮助有数学缺陷的孩子迈出第一步吗？毫无疑问，一个新的持续不断的智力挑战开始了。

第五章　从蝴蝶的颜色到抽象思维

婴儿出生时，大脑中就带有神经元代码，这些代码在整个从神奇思维（万物有灵论）到机械思维（因果）的发育过程中表达出来。后者用于发展批判性、分析性和创造性思维。其中许多代码通过可塑性窗口（关键时期）表达，例如语言功能[其发展在*Cómo funciona el cerebro*（大脑如何工作）一书中有详细描述]。神经教育旨在识别和增强从出生开始影响人类大脑能力最佳发展的环境因素，并利用它更好地开展教学和教育。

▶ **教育脑科学**

  是什么让孩子们在想到要去远足时充满了喜悦？想到逃离他们在学校接受教育的"小监狱"时充满欢乐？为什么许多孩子会终生记住在一次远足中，老师向孩子解释的许多树叶的大小和不同形状，蝴蝶翅膀的多种颜色或彩虹的光谱？因为这激活了孩子在学习和记忆过程中的大脑深层机制，激发了他们的好奇心，让他们在开放空间中关注一切有助于生存的事物。对于今天的孩子来说，在这种可能充满古老声音、不同色彩和形态的环境中学习，仍然有一种愉悦和强烈的感受。这也是一种游戏，一种伪装的情绪机制。通过这种机制，孩子可以通过大脑高速运转来获得技能和能力。

  由此可以得出推论，每个孩子最早的学习，都应该直接接触大自然，而不是在四面墙之间。这就是大脑的密码以及它们在整个进化过程中向我们揭示的内容。这也是我们应该从这本书中所汲取的一课，即神经教育。这教会我们：孩子不是从抽象的思想开始学习的，而是从感官世界获得的

第五章 从蝴蝶的颜色到抽象思维

感知、情绪、感觉和动作,作为对现实世界的反应,作为刺激的原始来源,这也是孩子的第一位老师。首先教会孩子的是世界,以及世界内外的一切。从这个世界学习是最基本的,不仅是对于儿童时期,还对于以后的正式教育和余生,因为这些感觉、感知和经验将是未来抽象学习的基础。孩子是一块海绵,像吸收水一样收集周围的一切(颜色、形状、动作、物体之间的距离、声音和质地、物质的气味等),并不断学习从而改变大脑。紧接着,他将所学知识投射到世界上,进行对比和重新学习。孩子在出生几个月后,会爬行和探索自己的环境,在这种爬行和探索中,他不断学习,并在大脑中记录运动过程,经过一段时间,他就能够进行自愿和协调的运动行为。学习就像西西弗斯的神话,是一个不断重复的过程,通过无意识的记忆为有意识地学习建立基础。看、听、摸的过程,尤其是玩耍,是孩子最开始的扎实的学习。所有这些都与父母,尤其是母亲,提供的情感意义相结合，通过情感火焰把所看到和触摸的一切铸成现实，获得生存的安全感。把一两岁的孩子关在日托中心会对他们的大脑产生负面影响。"日托中心的墙壁"应该是广阔的花园，充满了可以听到、触摸、闻到甚至舔舐的东西，孩子们不断地与之互动。有了这个坚实的框架，孩子将建立起思想和抽象思维的坚实大厦。

我们决不能忘记生物进化的过程，因为如果不时刻牢记，就无法理解任何领域的知识。我们必须考虑到这一点，以便理解随着大脑复杂性的增加，感觉学习过程是如何从思考具体的感官单元（我面前的那朵具体的花）到抽象的感觉单位（我脑海中的花的概念，它将所有可能存在的具体花朵组合在一起，而且"抽象的花"不存在于世界之外）。这种转变可能始于150万年前的第一个能人祖先。能人的大脑可能是人类思维的原始厨房，这台机器能够命名抽象事物、计划和决定要实现的目标并传达出去，将语言和直接感官的

第五章 从蝴蝶的颜色到抽象思维

情感信息转变为象征性符号化的加密信息。于是，人们开始区分世界上的事物，不再用"旧的情感语言"来命名它们，而使用新的、非道德的方式来命名，即用粗略而基本的抽象概念（花、叶、树），这些抽象的概念是我们今天所知道的知识的基础。难道知识不是从区分和分类开始的吗？毋庸置疑。但这里要传达的重要信息是从这种"感官具体"向"观念抽象"的过渡和演变，以表明早期阶段就学习充满现实的直接感官是多么重要。因为这是为后来精心学习和转换这些具体概念为抽象概念奠定的坚实基础，我们提到的这种转变过程首先是在人类大脑的个体发育过程中进行的，而后在已经与世界直接接触的儿童的幼年时期继续发展。

上述，我们已经提炼出神经教育的一些基本原则，这些原则应引导我们改变人类学习过程的许多方面。两三岁的孩子应该在田野、在大自然中，而不是在课堂上通过图片或视频，学习各种各样形状和颜色的叶子、花朵、植物和动物。

孩子需要在形成最初概念时，通过将花拿在手里，直接看着它、闻它、欣赏和区分花瓣的触感来认识和学习一朵花；仰望天空，将一种蓝色与另一种蓝色区分开来。而这一切，正如我刚才所指出的，都应该通过父母或教师的微笑，通过感官和情感来实现。只有这样，孩子才会永远记住，才会把他未来的抽象知识牢牢地建立在真实的、直接的感性和情感的基础上。只有这样，他才会建立起更一致的想法，以更稳固的方式进行反思、理性地构建和假设。许多一直生活在大城市，如纽约或芝加哥的孩子，由于污染，以及街道、广场和摩天大楼的强烈的照明，从未见过天空中闪耀的星星。尽管听起来很奇怪，但也有孩子从未见过真正的奶牛在草地上吃草。

今天，在经历了几千年的文明之后，孩子们越来越早地面临着思想和概念的学习，这些思想和概念与我们一直在讨论的那些激活大脑最真实代码的感官刺激相去甚远。此外，

第五章 从蝴蝶的颜色到抽象思维

他们还被限制在小班教学中,教师们的严谨和认真使他们远离了原始的"游戏"。这种"游戏"从直接的感官中产生学习和记忆,正如我刚才指出的那样,感官是好奇心、注意力和觉醒的基础。对人类来说,今天的学习是一个从很早开始的过程,也许太早就被带到了抽象的层次,具有如此高的智力水平和社会深度,以至于在某种程度上打破了那些不可侵犯的、遗传的和进化的根源,即通过观看蝴蝶的缤纷色彩和无常的飞行来学习和记忆。今天用于学习的刺激物在多大程度上能够有效激活最真实的大脑代码,难道不值得审查和评估吗?根据进化过程,神经教育有可能帮助我们做到这一点,并帮助我们更好地学习和记忆。

第六章　点燃思考的火苗：情感

情感是推动世界的能量。它是我们所有人体内携带的引擎，让我们对来自环境或记忆的不同类型的刺激做出反应。情感是一种强大的生物进化产物，自4.5亿年前首次出现在无脊椎动物中以来，一直是人类大脑的重要组成部分。情感是个人用来生存和交流，以及加强学习和记忆的无意识过程。情感是认知过程本身的基本组成部分，是感觉的基础。情感—认知是一个不可分解的二元组合。没有情感，就没有思想。我们可以坚定地说，富有情感是良好教学的基础。没有情感，就没有综合和连贯的过程；没有合理的决策，就没有可靠的学习和记忆过程。当然，也就没有感觉等人类真正的心理过程，即情感的意识，对情感的"了解"。情感是由愉悦的神经系统和通路（由大脑的奖励机制触发）以及消极的疼痛驱动的。

情感是大脑中某些回路活动中编码的能量，它使我们保持活力。没有情感，就没有这种基本能量，我们会发现自己变得很沮丧和迟钝。一个情感迟钝的人甚至注意不到一头大象从他身边经过。儿童、青少年或社会中的任何人都可能因各种各样的情况而丧失这种情感。当这种情况发生在儿童身上时，对他的学校生活、学习和记忆的影响显然是非常负面的。

情感，这个词的起源，表示运动，表示与世界的互动。这种行为包括由来自个体周围的各种刺激（也可能是这些刺激的回忆）引发的身体的所有变化，表明奖励（快乐）或惩

第六章 点燃思考的火苗：情感

罚（痛苦）。情感也是最强大的交流媒介，数百万动物（尤其是哺乳动物，更具体地说是人类）都是通过情感得以生存的。大脑边缘系统和脑干，主要包括眶额叶皮层（orbital prefrontal cortex）、杏仁核、海马、下丘脑和网状上行激活系统，是大脑的两个主要区域，尤其包括负责情绪编码的神经回路。在我们清醒时，这些神经回路始终处于活跃和警觉状态，帮助我们辨别对我们生存至关重要的刺激。

点燃情感并保持好奇心和注意力，从而激发对发现一切新事物的兴趣，例如对食物或课堂上的任何学习。情感是所有学习和记忆过程得以持续的最重要的基础。在神经科学中，情感具有许多功能，特别是它能以更有效的方式存储和唤起记忆。任何与情绪相关的新事件，无论是快乐的还是痛苦的，都会让人对所发生的事情有更深刻且更完整的记忆。情感信息也是任何心理功能和社会关系正常运作的基础。此外，在大脑皮质关联区域的神经回路产生的思想，已经富有意义，可以是愉快的或者痛苦的，可以是构成人类世界丰富情感"调色板"中的任何一个颜色。因此，情感也是认知过程，特别是思考过程中的基本组成部分。

我们认识到情感—认知（心理过程）是一个不可分割的二元组合。这是由于大脑的设计和运作而导致的。大脑创造的抽象概念不是空洞的，而是包含了情感。这就提醒了我们情感对学习者和教师的重要性。如果要以可靠和令人信服的方式将知识信息传达给学习者，教师必须意识到这种基本机制（情感）是其语言的载体。在我们今天的文化中，年幼的孩子都在学校里接受着以一种机械的方式教授给的复杂的认知概念，常常与情感意义脱节。这样是不对的，要知道一件事物因为有情感的意义才能被更好地了解。

这就是为什么词汇及其使用方式很重要的原因。语言是知识的载体，在教学中，语言必须始终伴随着情感。即使在技术手段如此普及的今天，语言仍然是所有教学的中心。教

第六章 点燃思考的火苗：情感

师尽其所能地使用语言，从它的使用方式和发音方式，我们可以创造出能够激发听者和学习者注意力的吸引力。古罗马时代在这方面就有光辉的成就。2000多年前，马塞利诺·梅妹德斯·佩拉约（Marcelino Menendez Pelayo）说：

在罗马，人们很早就有了在公共场合使用正确而得体的语言以取悦和说服公众的艺术。在罗马，演讲渗透到公共生活的方方面面，其价值在法院（司法演讲）、论坛（政治演讲）和一些宗教活动（葬礼演说）中得到承认。

最后，马塞利诺说：

说话的艺术也正在成为一种重要的教育工具。

教育脑科学

但情感又不仅仅与语言相关,就文字层面来说,情感不仅与口头或书面(阅读)有关,而且与数学有关。这些都是非生命体,它们依靠推理而联系在一起。

在决策中,任何决定都是基于强烈的情感,或具有强烈的情感成分。特别是青少年或大学生,在他们的学习过程中,每天、每时、每分都会做出决定,从选择学习的专业到每天上什么课,早上上课后下午要不要学习,从哪个科目开始学习,以及学习该科目中的哪一部分,这取决于对该科目的了解;或者是否参加考试,以避免或接受失败的惩罚。成千上万的小决定都是基于情感的,基于我们喜欢什么,不喜欢什么,基于快乐或者悲伤。所有这些还必须增加一个重要的补充,它指的是情绪中真正的人性成分,即情感的主观反应。情绪是无意识的机制,而感觉是对特定情绪的有意识的体验。据我们所知,只有人类才能体会到感受。感受是引导我们通过恐惧、快乐或挫折来了解情感的过程,并在许多不

第六章 点燃思考的火苗：情感

同的情况（出色地完成工作）或他人面前（老师对学生的掌声）找到幸福感。还有许多其他的感情，比如老师用掌声表达激动的情感来鼓励学生多向他人展示新技能。所有这些不仅对学习者，而且对教学者都有强大的影响。

人们谈论了很多关于儿童在上学期间的某个时候发生的"情感崩溃"，这与生活在一个"压力很大"的社会有关，其后果影响到家庭隐私和家庭关系。压力会让人产生一种持续紧张的个人行为和反应。当这些过程以缓慢、持续和隐蔽的方式进行时，孩子会感到一种无意识的精神负担，这种负担会持续数天、数月甚至数年。这种生活方式一旦开始，就可能产生永久性的病理反应。这种情况是由多种因素造成的，在许多家庭中都存在，并对儿童产生持续性影响，可能会影响其大脑结构，如海马。如前几章中所述，不仅影响儿童学习和记忆过程，也会影响情感本身，影响编码机制，如好奇心和注意力等。因此，当儿童的行为出现问题，并且其中许多问题都是严重的，主要表现在学校生活以及学习和记忆时，往往是他们情感崩溃导致的。从这种家庭环境中，可能会产生一个"压力"儿童，这种"压力"没有表现为任何特殊的认知异常或多动症或典型的抑郁症状，而只是表现出一定的冷漠、注意力涣散，从而影响到他们在学校的智力表现。压力确实是一种大脑和生理行为活动，是我们数百万年来生活方式的固有特征。但现代人的生活方式发生了变化，这导致了病理学意义上的压力。回到刚才说的儿童情况，他们的表现可能是缺乏充足的深度睡眠，这种睡眠是大脑产生和巩固白天所学到的所有相关信息的必要机制（第十四章）。另外，我们提到的刺激和注意力不集中等症状，在这个过程开始时，它会以一种不明显的形式改变儿童的行为。

有一种有效而低成本的治疗方法可以改善这种压力引起的症状，那就是有氧运动。有氧运动适用于从儿童、成年人到老年人的任何年龄段。定期进行有氧运动可以降低压力反应，调节和改变大脑中与学习和记忆有关的结构。专家们已经意识到了这一点。几年前，特别是在美国，人们认为应该减少每周用于体育活动的时间，而代之以艰苦的抽象学习。现在，鉴于有氧运动对大脑的益处，人们又重新找回了应该在学校里投入足够时间进行体育活动的想法。最近的研究证实了其相关性，其中有一个特别有趣。瑞典的一项研究发现，在15～19岁的青少年中，那些经常保持锻炼并在这一领域有良好表现的人，在在阅读理解、听力理解以及数学思维等能力的测试中得分也最高。这项研究的有趣之处还在于，当这些青少年中的许多人在50年后再次接受评估时（无论他们是否在这些年内继续锻炼），那些在年轻时参加体育锻炼的人在衰老过程中表现出更好的心理素质。这与所谓的"认知保留"有关。直到不久前，人们还认为体育锻炼对大脑的影响不是累积性的，人们认为，在年轻时进行的体育锻炼对晚年根本不会产生影响（如果后来不再进行体育锻炼）。从目前的调查来看，情况似乎并非如此。

所有有助于获得知识的东西，如好奇心、注意力、记忆力或决策力，都需要我们提供情感的能量。检测情感障碍可能成为未来神经教育工作者的中心任务。

第七章　教室里的长颈鹿：好奇心

当你的教学内容变得有趣，你会发现，即使是学得最慢的学生，在任何科目上也能很好地学习和记忆。好奇心就像一种感知的"火花"，是哺乳动物特有的探索特征，它与营养状况、昼夜节律、白天的时间以及其他不同的刺激和情况密切相关。好奇心在我们身处单调的环境中突然见到显著不同的事物时会被激发，没有好奇心就没有注意力和知识。好奇心的应用可以扩展到那些带来革新性问题和创新的知识中，比如科学或人文研究。在这种通过分析和批判性思维，探索未知的过程中,让好奇心变得"神圣"。创造性思维更是如此,这是一种能发现意想不到的、开创性的、从而照亮新的知识道路的思维。

在课堂上,老师正在向注意力集中的学生解释某一学科的主题,无一例外的是学生们(无论是小学还是大学,年轻人还是老年人)会将注意力从老师及其解释的主题转移到一只由教室门进来的长颈鹿。为什么学生不听老师讲课而看向长颈鹿呢?这是因为他们的好奇心被唤醒了,它是情感的基本成分之一。好奇心与众不同,在环境中尤为突出,它点燃了人们的情感。有了它,有了情感,注意力的"窗户"就打开了,而注意力是创造知识的必要焦点。

人类是哺乳动物,本质上是一种好奇的动物。人总是在探索和观察着一切。在这种偶然的观察中,人们发现了与日常生活不同的新事物,比如看到一棵结有成熟果实的新树(实际上,好奇心被定义为一种促使了解新事物的欲望)。

第七章 教室里的长颈鹿：好奇心

通过好奇心，动物或人类自己能提前预测到事件的发生及其可能性。情感大脑有神经元和神经回路，当环境中出现不同寻常的事物时，这些神经元和神经回路会被激活，对所看到的突出刺激所带来的快乐或痛苦做出反应。让我再简述一遍：好奇心是大脑检测日常单调环境中不同之物的机制。有了它，人们就会注意到与众不同的事物，如果这些事物对生存有重要意义，我们会通过学习和记忆记住它。

没有人能够学会所有东西，更不用说以抽象的方式，除非所学的东西能够激发我们的动机，或是具有某种意义从而激发好奇心。学习需要这种令人感兴趣又新颖的最初的刺激，人们的注意力才能以一种强大的方式开启。在幼年时期，游戏是孩子在好奇心的刺激下发展起来的学习行为。玩游戏是一种媒介，因为每一种感知和随之而来的运动行为都是新鲜的，从以前的感知中脱颖而出，从而增强好奇心。游戏是大自然的一项强大发明。你可以观察两个孩子玩耍，或者两只黑猩猩，或狮子，观察他们在任务中的沉浸感。游戏是好奇心和乐趣结合的工具，是学习行为中最有力的武器。所有教师和教育工作者，特别是小学教师和中学教师，甚至更高教育阶段的教师，都试图找到能够激发和捕捉学生的好奇心的教学方式。教师们渴望获得能够让他们的整个教学过程变得有趣的工具。神经科学能在多大程度上在学校本身已有的结构中发现这种有趣的学习方式呢？

人类的好奇心和对新事物的渴望，不仅激发了我们对知识的追求，而且产生了我们当前的知识体系，即在学校或科学研究中获得的知识。当今神经科学之父查尔斯·谢灵顿（Charles Sherrington）教授承认了在科学研究中最伟大的是好奇心，他称之为"神圣的好奇心"。最近的研究表明，获取知识，即通过学习了解所寻求的东西，与其他驱使人们寻找水、食物或性行为等（追求快乐的行为）的行为共享神经基质。由此可见，通过学习而满足的好奇心是以大脑的愉悦

第七章 教室里的长颈鹿：好奇心

感为基础的，这反过来又强化了这样一种观点，即寻求知识和做出有利于获得这种知识的决定在生理上是愉悦的。快乐不是简单的"精神"快乐，而是与生物快乐具有相同的神经回路和基底。

因此，被某些激发好奇心的刺激激活的脑回路是那些预测、推进奖励或者能带来愉悦感的脑回路，它们位于边缘或情感系统中，包括前额叶皮质、伏隔核、杏仁核、海马、隔膜、内皮质、下丘脑等结构，以及脑干中的其他区域，其中一些在前面的情感章（第六章）中提到过。一些研究还表明，尾状核也参与其中。尤其有趣的是，一项使用功能磁共振成像的研究发现，对新的或相关的刺激或信息表现出好奇心的个体同时激活了学习（前额叶皮质）和外显记忆（海马）的奖励和快乐区域，从而强化了好奇心在学习和记忆过程中积极作用的概念。

人们一直非常关注各种好奇心。一方面，"多样化的感知好奇心"（哺乳动物，特别是人类的基本好奇心）是一种摆脱无聊、孤立的力量，是对环境中突出的某些有趣而不特定的刺激的反应。另一方面，"特定的知识好奇心"是一种追求某些特定知识的好奇心，即想要澄清特定的东西；它会在某些不确定性、理性或概念冲突的情况下被激发，并在获得该知识或解决冲突时得到满足。对特定知识的好奇心是在研究或学术工作的背景下寻找信息，或与科学研究过程中的发现有关的好奇心。

最近的研究强调，培养学龄前儿童原始的、基本的好奇心尤为重要。这种好奇心表现为对新鲜的、不同事物的期待，是一种促进儿童更好地学习和记忆的有效机制。它还可以进一步引导儿童发展更具体的、与学习和抽象知识有关的好奇心。每位教师都清楚，不是所有的孩子都有一样的好奇心。好奇心可能是一些孩子的个性特征，且具有不同的程度，也确实有一些孩子在这方面表现得并不明显。在经过对那些好奇心强烈的儿童的研究，我们从其个人特质上已经发现了某些具有好奇心特质的行为。小学生在下列情况下会表现出自发的好奇心：

（1）以积极、警觉的方式对周围新颖的、奇怪的、不协调的或神秘的东西做出反应，并向它移动和观察以探索或实践。

（2）表现出需要或渴望更多地了解自己或周围的事物。

（3）自发地探索，并寻找周围新的体验。

（4）坚持不懈地探索，研究环境中出现的刺激，以了解更多相关的信息。

然而，激发没有自发好奇心的孩子的好奇心，一直是一个非常棘手的问题。从小学到大学，许多教师都提出了一些帮助激发好奇心的策略，并做了不同的细节区分。这些措施包括：

（1）在课堂上使用一些挑战性的内容，一句话、一幅画、一个想法或是令人惊讶的东西（本章开始的长颈鹿的例子）。

（2）提出一个日常问题，在开始上课时启迪学生："今天来上课时，我在公园里看到一排涂成了蓝色的树，你们认为这可能是什么原因造成的？是谁干的？"

（3）为学生创造一种对话气氛，让他们感到放松和愉悦，且不要质疑他们的问题是幼稚或无趣的。

（4）给学生足够的时间提出论点，激励他们在别人面前找到解决问题的方法。

（5）在研讨会上，就某一特定主题，鼓励学生自发地提出问题，激发他们的内在欲望、自尊和动力。

（6）在上课过程中引入一些不一致、矛盾的、新奇的、复杂的或有不确定性的因素。

（7）如果满足（6），则不会引起学生的焦虑。

（8）在研讨会或实践课上，鼓励学生积极参与和自我探索。

（9）遇到学生提出好的问题或找到某个问题的解决方案时，给予赞扬和掌声。

（10）将问题模块化，但不指导学生寻找答案，更不提供问题的解决方案。

所有这些努力都是为了激发学生的好奇心，从而培养他们自主学习的意愿。好奇心的激发与年龄、时间、生理状况，以及环境（身体、家庭和社交）有关。在利用这些机制将其应用于教学时，特别是在学校，教师并不能仅停留在书本或口头上。

第八章　知识之窗：注意力

注意力就像一束聚光灯，照亮了学习和记忆的对象。在这束光之外，一切都处于阴影之中。了解注意力的过程及其神经机制，对于理解学习和记忆以及知识获取的过程具有重要价值。当今，人们正在研究所谓的注意力时间及其与教学效率的关系。根据大型公开在线课程（MOOC）的经验，以大约10分钟的课程为宜，这是经过优化最适合特定教学（法律、医学、艺术、工程等）的时间长度。据推测，每节上10分钟一共有50节课，比每节上50分钟一共10节课更有效果

[或者,每隔10～15分钟进行课堂休息,或设置"演讲间隔"(逸事讲述、个人反思、展示一幅画等)]。

注意力就像大脑中打开的一扇窗,通过它我们可以学习和记忆来自周围世界的信息。没有注意力,就不可能学习、有明确的记忆或了解知识[比如昨天下午我离开家(时间和空间)时看到了胡安(临时事件),他告诉我他在读乔治·奥威尔的书(知识)]。注意力是察觉某事所需的大脑机制。注意力机制通过激活意识机制来实现大脑皮质和丘脑的分散神经元的功能组装。学习和记忆,至少在教学方面,需要这种精准且集中的注意力。

毋庸置疑的是,要成为一名优秀的教师,无论是小学还是大学,不管学术水平如何,最基本的职业要求之一是有能力吸引学生的注意力。没有注意力,就谈不上学习。这种能力源于(我们在前一章谈到好奇心时已经看到)教师有能力将课堂变成一个场景,创造一个有趣、有吸引力的故事,无

第八章 知识之窗：注意力

论它涉及什么主题。这个故事要有启迪意义并起到引导的作用，还要有一个有趣的发展过程（引入新奇、惊喜、复杂性等），最后是精彩的，并引起下一节课兴趣的总结结尾（营造某种程度的期待和对未来的奖励）。注意力就像一束聚焦的光线，照亮我们面前的事物并将其与周围其他的一切区分开来。在这束光线焦点之外是黑暗的环境，我们几乎看不到任何东西。在我们充满好奇心的情绪被激发后，这种焦点就被点燃。就像感知一样，通过注意力可以学习和记忆。注意力必须保持至少65毫秒（65~250毫秒），人们才能记录和学习某种感知。学习和意识到某件事，需要不断而又有序地集中注意力，因为每一个行为都是独特的，你不能同时学习两件不同的东西。

让学生在课堂上集中注意力，不能简单地要求他们怎样做，这样做毫无用处。如果有一个有趣的老师讲授过一个生动的主题，那么如果学生再碰到一个很无聊的老师讲同样的主题，注意力就很难集中。注意力必须通过心理学和认知神经科学已经解开的机制来唤起。其中一个因素（可能非主要因素）是唤起学生对所解释的内容的好奇心。注意力会随好奇心而转移，所以无需向学生提出要求，有了注意力之后就能进入积极、高效的学习和记忆过程。因此如上一章关于好奇心的章节所述，我们要寻找能够引起学生注意的方法和资源。这些方法最终应适应儿童特定年龄的大脑机制和所教的科目，应该与奖励而不是惩罚有关。神经科学告诉我们，注意力并不像以前那样被认为是单一独特的大脑机制，不同的大脑过程有"不同的注意力"。有一种基本的注意力，在我们清醒且有意识时，让我们保持警惕，但没有精确的聚焦点；另一种吸引人的执行注意力具有定向性、集中性；还有一种是虚幻的、整体的无意识注意力。

每个人可能都有过这样的经历：能够清醒并能够对周围环境中发生的一切做出反应，但不需要集中注意力。这是一

第八章 知识之窗：注意力

种持续的、弥散的基本注意力，即最原始的注意力。它非常依赖个体的睡眠清醒节律，其主要的大脑基质是脑干上行网状激活系统。当一个人受到人身威胁，无论是来自他人还是来自有威胁性的狗，在这种情况下，每个人都会记得他们所经历的那种慌乱、不安甚至恐惧的反应。如果你试图回忆起那个事件并思考片刻，你会意识到自己几乎是紧张地盯着攻击者或那条狗，非常专注于他们的动作，并预判可能的攻击。这是一种吸引人的、专注的、由持续的警惕状态维持的注意力。

许多人也有过去火车站等人的经历。如果那个人是你很喜欢或欣赏的人，而且很长时间没有见面，那么很容易感觉到等待的人会处于期待的状态。随着火车的到来，站台上可能会出现一百多号人。等待的人试图看清他们的脸，全神贯注地扫射人群，从一个跳到另一个，目的显然是识别正在等待的人。它的焦点不像前面的情况那样固定，而是有方向和

▶ **教育脑科学**

不断变化的。当我们研究或试图解决一个问题时，无论是数学问题还是其他性质的问题，我们都会非常专注。在这种情况下，需要在整个过程中给予持续、有序的注意力，就好像我们有一束聚光灯，照亮我们面前的书本，并突显出其中的要素，引导我们处理或理解我们试图学习的内容。这是高度的执行注意力，它不同于前两个例子的细微差别的注意力，因为它不是固定的，也不是定向的，它会改变注意力焦点来试图识别一个已知的物体或面孔。这种类型的注意力是一个持续的过程，也可以在时间上分段，即暂停学习后不久又重新开始而不会中断所学内容的思维线索。通过这种注意力，可以凸显出错误或不正确的内容，以及正确或肯定的内容。尽管有细微差别，但这非常类似于我们在课堂上学习时所表现出的注意力，通过教师逻辑性的教学，我们试图理解他所讲授的知识。尽管我们集中在论述所教内容的思路上，注意力仍然可以被打断，因为教师可能会在论述中举例，甚至是

第八章 知识之窗：注意力

与前面内容没有明显关系的逸事。

直到最近，还有人认为我们刚才列举的所有的注意力都遵循一种独特的大脑机制，该机制在个人需要的时候就会启动，即在所有情况下，个体都是"注意力集中"的，因为所有类型的注意力都有一个共同的神经网络和神经回路。但恰恰相反，注意力是针对每组不同行为和任务的"不同的大脑注意力"的集合。在我们刚描述的具体情况下，这些特定的注意力模式是由特定神经网络和神经回路产生的（这并不是说这些功能个性化的网络之间没有解剖学和功能上的关联）。

回到上面所举的例子，这些大脑网络中存在的差异值得进一步扩展。例如，在威胁警觉性的情况下，对危险原因（狗）的持续、固定和警惕的注意力是由位于具有中心控制的大脑区域的神经网络产生的,通过激活前扣带回皮质[①]前部和局部区域以及脑干上行网状激活系统来参与意向动作认知功能。在第二种情况下,当个体试图以不断变化的方式快速识别人脸时,定向注意力网络会被激活,大脑区域通过丘脑枕和上丘脑等结构和细胞核无意识地处理视觉信息。同时,神经通路被激活,将信息传输到视觉皮层的其他区域并到达意识,如包含参与面部大脑神经网络的神经元的后部颞。在最后一种情况下,即针对学习的选择性注意力,具有集中性的执行性注意力,涉及前额叶皮质几个区域的神经网络(在面对错误时,针对改变心理策略的过程进行规划和不断决策),尤其是背外侧前额叶皮质(工作记忆)以及与边缘系统(情绪和决策)协同活动的扣带皮层(前部和后部)。

[①] 前扣带回皮质:扣带回皮质指扣带回表面的灰质。可分为前、后两部分。前部主要接受来自丘脑板内核群、中线核群和杏仁基底外侧核群的传入。

第八章 知识之窗：注意力

这些发现直到几年前还是令人惊讶的，这使我们能够推测它们对于更好地学习和记忆，以及更好地教学是否有用或有益，是否可以进行有计划的训练（游戏、视频、注意力测试）来改善干扰学生学习的注意力缺陷。例如，已经发现，执行注意力的神经网络基底，即那些被激活用于研究的神经网络，具有巨大的可塑性，能够通过训练改变其神经功能，这可以用于治疗儿童的某些注意力缺陷的症状。心理学和医学已有研究表明，使用适合这种注意力的方法和测试进行训练，在治疗儿童注意缺陷多动障碍，或抽动秽语综合征和其他选择性更强的注意力缺陷综合征等过程中是有效的（第十八章）。这些特定研究中的注意力网络（执行注意力）有其峰值或可塑性窗口，在大脑发展的最初几年，即4～7岁成型。在这个年龄之后，他们更抗拒改变，灵活性降低，8～12岁的儿童证明了这一点。一项研究表明，只接受了特定的五天训练，4～7岁的儿童就具有这种可塑性。那些没有注意力缺陷的正常儿童，经过相应的训练，他们的注意力能力得到了提高，甚至智商也得到了提高。同样，在同样年龄接受这些特定注意力训练的患有注意缺陷多动障碍儿童中，也有类似的效果（第十九章）。所有这些都告诉我们，神经网络的知识不仅可以为患有注意力和运动障碍的儿童提供医学和可能的治疗，还可以改善没有这些障碍的儿童的注意力。

儿童行为治疗的效果不仅体现在我们所研究的注意力上，还体现在我们称之为注意力定向的过程中（在许多人脸或不同的物体之间进行快速识别所需的注意力）。这些定向注意力网络与执行注意力网络有不同的可塑性窗口，而且形成得更早。当涉及我们提到的行为治疗时，基因因素很重要，因为它会影响完全成功、较少成功或彻底失败的情况。即使存在强大的基因与环境相互作用（几乎与任何正常或病理性的大脑功能一样），行为治疗在许多情况下会有巨大的

第八章 知识之窗：注意力

医疗效果。

这些新知识都说明，研究和学习非常复杂的科目有可能会激活许多其他的注意力神经子系统，甚至还有能够激活已知的神经网络中新的细微差别的知识，这些知识可能以不同的方式专门用于更好地研究数学、医学、法律或历史。对于儿童和成年人，甚至儿童的不同年龄段和针对不同的主题，注意力的神经基质都不一样。对于构成人类生命周期的不同阶段和年龄段，注意力时间（需要学生完全和几乎持续的注意力的总时间）也是不一样的。准确地知道在每个阶段或生命周期保持注意力所需的大脑时间，有助于我们更有效地调整课堂学习的实际注意力时间。深入研究这些知识应该能够将其与学习和教学的有效性联系起来，从而提升自己的专注力。这让我们想起MOOC讲座的持续时间很短，不超过10～15分钟，这是经过验证的学生可以完全集中注意力的时间。不同的主题的注意力时间可能会有所不同。但清楚的是，一节课的总时间必须优化和缩短。50分钟的课，每隔10分钟休息一次，与一节50分钟的单独讲座是完全不同的。注意力时间是一个复杂的问题，因为除了考虑的时间外，还必须考虑到注意力的集中程度。在很大程度上，这些取决于学生的年龄、对学科的兴趣、教师的教学能力以及之前的训练。因此，我们可以发展选择性训练等，从而提高这些科目的学习效率。

最后提到的一种注意力，我们称之为无意识、虚拟、或整体的注意力，与人类的创造力和新知识有关（第二十一章）。它与我们前文提到的有意识的研究所需的注意力和执行注意力明显不同，通过这种注意力即可根据特定的线索解决特定的问题。目前的神经科学对这种大脑注意力知之甚少，但有许多天才用这种注意力来解决非常复杂的问题。一个人在解决问题和集中注意力的过程中，他知道继续下去也无法解决问题，但如果这个问题是高度激励人心的，大脑会在另一种注意力的驱使下继续处理它，而这一次是无意识的。有时正是有了这样的注意力，最终才能得出解决方案，就像第十章中解释的阿基米德的情况一样。所有这些注意力机制，特别是本章中描述的前两种机制，都为我们数百万年的生存提供了帮助。当然，后两种也一样，但更具有人性化和社会性的价值，更像是抽象和创造性思维的基础。我们正在探索这些注意力的价值及可能的理解方法，以便更好地学习和传授相关的知识。

第九章 区分和分类：学习

学习就是对所学知识进行区分和分类，然后对这些知识进行分析并重新分类，从而深化认知学习。例如，就人类而言，从整个生物体分解到解剖学、生物化学、生理学、分子及与其相互作用，特别是与大脑的相互作用，从而了解从大脑活动到有意识的心理过程之间的未知桥梁。学习本质上是改变大脑的"线路"，也就是神经元的连接，这要归功于它固有的可塑性。学习是大脑的一个基本过程，对生物体的生存至关重要。

▶ **教育脑科学**

　　学习是世界上最古老的行为之一，无论是有意识的还是无意识的。它与生俱来，是生命本身的内在过程，与生存息息相关，就像吃饭、喝水或繁衍一样。尤其是对于灵长类动物和人类，繁衍本身也需要一个学习过程。学习的本质是为了生存，生存是每个有机体的最高法则。学习是一个过程，其遗传分子机制在单细胞生物中已经存在，当然，早在有无脊椎动物开始的具有神经系统的生物中，这是一个极其复杂的分子过程。例如，蜗牛有一个强大的神经机制，可以通过它来区分环境中的"好"（接近有回报的刺激，如食物）与"坏"（远离那些造成破坏的来源）。

　　一个不学习或学习不好的生物，即使它受到同伴的保护，也会成为很快就灭亡的生物。在进化过程中，首先出现的是神经元、神经节，然后是更复杂的大脑，由此产生的代码印在每个物种的基因组中，并推动它们学习。生物出生时，学习是大脑中第一个启动以适应环境的机制。瞪羚出生

第九章 区分和分类：学习

后立即启动了先天的遗传机制，通过与周围环境的相互作用，它可以学习，并很快在不到15分钟的时间内绕着母亲跑。此外，瞪羚也在那短短几分钟里学会不在暴露于捕食者面前的草地上奔跑，而是紧紧地围绕在它的母亲身边——它很快就知道母亲代表着保护和防御。学习会迅速扩展和发展到其他行为中，这些行为总是首先以生存为目标，然后以保护物种的生存为目标。要学习，就必须与世界持续保持联系，体验世界的感觉，触摸世界。如果瞪羚出生后与自然环境隔离，只通过向它展示其他瞪羚如何奔跑的报告和视频来教它奔跑，那么它就永远不会像其他瞪羚那样学会奔跑。与物理世界的直接接触是一种必要的驱动行为，以便启动基因密码，给瞪羚带来学习。学习所需的一系列其他成分还包括感官成分、情感成分，以及运动成分。

从本质上讲，人类的基本学习过程与瞪羚的学习过程没有太大区别。这不仅是一种来自分子生物学和大脑如何学习的机制，而且是一种进化本身的过程。瞪羚和儿童，或者任何哺乳动物，都是通过玩耍开始学习的。正如我们在前几章中提到的，孩子喜欢游戏是通过好奇心与情感、奖励和快乐相结合的机制产生的。游戏是大自然发明的一种机制，通过它，孩子可以有效地学习和获得技能和能力，从而更好地适应这个世界。在幼儿期，几乎所有可能的积极学习都是通过这一过程进行的。观察两三岁的孩子在玩具面前的行为，我们可以发现孩子在游戏中所做的是遵循大脑中的机制。这些机制引导他对感到好奇的一切进行体验，并以此来了解世界，学会"自动"测量物体之间以及他自身与周围物体之间的距离，并在他的大脑中建立神经程序，之后使用这些程序，以安全、准确地方式执行某种行为。与运动技能一样，孩子也会通过视觉或触觉，以此发展被周围的感官刺激唤醒的感知和辨别能力。孩子玩耍是因为这样做会带给他乐趣，当然，他不知道这是大自然设计的推动他学习的机制。每个

第九章 区分和分类：学习

孩子都会经历这种（学习的）需求，促使他去玩、去参与，而且他只满足于游戏，因为它是令人愉快的。快乐是伪装学习的终极机制，使人能够实现大自然对他的要求，正如饥饿迫使他进食一样。因此，游戏是孩子通过学习改变自己大脑，从而走向青春期、青少年期和青年期的机制。从本质上讲，学习是一个将世界上的事物和事件联系在一起，并加以区分（猫和狗）和分类（动物和物体），以此获得新知识的过程。

举一个我自己做过的更有趣的实验。给猴子看一个注射器，然后靠近它的嘴，再给它一种含糖的液体喝，它很快就会把注射器的形状和一些好的、令人愉快的东西联系起来。每次重复这种操作时，猴子都会扑过去，抓起注射器送到嘴里。在这次学习之后，我给这只猴子交替地看两个不同颜色的注射器，一个是含糖液体的白灰色注射器，另一个是含有盐水溶液（对动物来说是一种厌恶的液体）的蓝色注射器。

最初它看到这两个注射器时都会做出反应,就好像它们都是含糖液体一样。在用两个注射器进行了几次测试,一段时间后,猴子会猛扑向第一个注射器,但不会扑向第二个注射器。它已经清楚地学会了区分两个注射器的颜色,并根据它们的含义(好或坏)和颜色对它们进行了分类。但学习也意味着"忘记"以前学到的答案。例如,给实验室里的猴子看一种它以前从未见过的形状的花生,并喂给它,它会很快学会识别它的形状并将其与"好"(食物)联系起来。每次看到花生时,猴子都会扑上去,用手抓住并把它送到嘴里。但是,如果给同一只猴子看同一颗花生,不允许它触碰,而且重复几次这种令人沮丧的操作,猴子很快就会知道花生不再代表食物,也不再对它感兴趣。

学习及其机制是这本书的核心。因此,无论以哪种形式或视角来看,"学习"都分散在每一章中。例如,在第3章中,我们看到孩子从出生起就在很多方面开始学习,无意识

第九章 区分和分类：学习

地通过计算学习，通过模仿父母、老师或其他孩子的行为来学习。他学会与他人分享和看待他人，这些人与他自己相似但不同。他首先通过情感和同理心与他们交流，然后通过言语与他们交流。同时孩子还学习区分、分类和获取知识。知识让他知道自己是个孩子，而不是一只猫；猫不是鸟；在猫科动物中有被称为老虎的大型动物，也有不同颜色、形状和行为不同的小猫。正是通过这种分类和子分类的过程，他对世界的认识才得以扩展。

孩子也学会了如何协调地摆动手臂，学会保持直立姿势，学会精确的动作从而能够安全地抓住周围的东西，学会流利地讲母语以及同时学习其他语言，还能学会骑自行车、骑马和开车。人类是一台从出生到死亡不断学习的机器，正是通过这些学习，人类不断地改变自己的行为和思维，从而改变自己的大脑。

学习有许多种类型。我们在学习时意识到的将事实和事

> **教育脑科学**

件与时间联系起来的过程,可以在记忆之后被唤起并用于计数(将想法联系起来,进行推理,推断、比较或做数学计算)。这种显性学习的神经基质根植于大脑皮质(前额叶和颞叶皮质)和边缘系统(海马)的许多区域。另一种是隐性学习,它是无意识的,不能通过口头唤起已经学到的东西,因为它不需要显性学习的有意识认知过程。隐性学习过程是自动的,需要时间和重复,由此获得视觉和运动技能(骑自行车)。参与其中的大脑区域包括前扣带皮质、基底神经节、小脑和运动前区皮质。隐性学习是一个具有进化史的古老学习过程,自数百万年起就存在动物身上。例如,许多习惯的习得是一种无意识的学习机制。个体并不真正知道自己在学习,就像孩子在测量他使用的玩具和散落在他周围的玩具之间的距离时并不知道自己学习一样。如果有人第一次整理堆放的原木并每天都有条不紊地处理,不久后他会更快、更高效地完成。如果你被要求每天用铅笔重新绘制一些图形

第九章 区分和分类：学习

的轮廓，几天后你会做得更快、更准确。人们的大脑在没有意识到的情况下就学会了。

如果有人看到一页包含一系列字母的页面，并被要求以某种方式对其字母进行排序，也会发生同样的情况。这些字母在对方不知情的情况下，已经有了一定的排序规则。例如，在列表中有几个序列是按间隔重复的（例如，"D"后面总是跟着"X"）。人们很快就会发现这种规律性，尽管不确定这是否是他们被要求做的，他们还是倾向于把所有的"D"和"X"都放在一起。但如果之后给他们另一个不同的字母序列，在这个序列中"D"紧贴着"Z"。许多人很快就会意识到这一点，并以这种方式进行排序。也就是说，第一个规则（D-X）已经被打破，并且找到了一个新的规则（D-Z）。接触这个过程的人获得新规则的速度越来越快，在不知不觉中就进行了学习。对这种学习负责的大脑区域包括运动前区皮质（学习到动作序列中的重复）和前扣带回皮质

（融合感知、情感和行动）。还有其他学习方式，如程序性学习（驾驶汽车），这涉及其他大脑结构，如小脑和基底神经节。所有这些隐性学习都不同于显性学习，比如知道危险的公路路段并告知他人。

正如我们将在下一章中看到的，关于记忆，这两种类型的学习（显性和隐性）之间存在着相互作用。例如，在熟悉的空间中无意识地移动，比如自己的家，有助于在这个环境中产生对存在于其中的感官刺激的显性学习和记忆。举一个很好的例子，接触多语言环境的儿童或成年人学习其他语言相对容易（例如欧洲学校聚集了来自许多国家的孩子）。无论如何，学习和记忆是一个神经生物学单元。在大脑中，没有记忆就没有学习。我会在下一章中解释一些学习形式。

第十章 保存所学内容:记忆

我们的记忆是我们身份的储存库,是我们在世界面前身份的印记,让我们认识和了解自己是谁。我们在私人空间和面对他人时所记得的就是我们的身份。阿尔茨海默病是一种黑暗而缓慢的疾病,使我们失去身份。这种疾病会导致所有记忆突然消失。

记忆并非永久固定在大脑中,尤其是显性记忆(有意识的、陈述性的)。显性记忆使我们能够记住我们去过哪里、和谁交谈过、谈论过什么以及何时交谈的,这种类型的记忆

教育脑科学

是动态记录的。我们对任何事件的记忆到再次被唤起时会经历一段时间，在这段时间里，记忆很容易被新的信息转化、改变。因此，如果我们想把所学的东西很好地巩固在我们的大脑中，重复、记忆和更新我们所学的知识具有巨大的价值，这在学习过程中是至关重要的。

在当今互联网时代，研究学习中的记忆，作为一种人类价值，仍然具有重要意义。能够背诵一首诗或唤起一些对有意义的文学或哲学片段的记忆，可以让我们的人际关系变得更好。此外，始终保持更新记忆会创造新的认知储备，不仅对大脑有益，还可能缓解衰老期间的大脑病理。

记忆是我们随着时间的推移而保留所学知识的过程。与所有生物一样，对于人类来说，记忆不仅是生存的基础，也是传播知识和创造文化的工具。记忆也是为了在对话、行为或者在特定的有意识的心理过程中随时唤起我们所学到的东西，并利用它。但记忆并不是单一的大脑事件，它包含所学

第十章 保存所学内容：记忆

习到的一切，而且（就像学习一样）有多种系统或类型，有些是有意识的，有些则没有。意识记忆是指我们可以唤起和讲述的事实或事件，它们是陈述性（显性的）记忆。例如，我昨天在哪里和一个朋友进行了什么对话。这种类型的记忆通常是指我们每天都在谈论的人类记忆，它会随着年龄的增长或由于神经退行性疾病（如痴呆）而丢失或模糊。在这种一般类型的显性记忆中，还包括许多其他类型的记忆，这取决于我们能够保留和唤起一个事件的时间。其中之一是短期记忆，它使我们能够在短时间内记住一个电话号码。我们可能都有过这样的经历：我们将新电话号码记住并拨打之后，就会将它遗忘。但还有许多其他有意识的记忆，例如能让我们终生记住的一件事（长期记忆），以及那些能持续一秒钟并以同样的方式衰退或消失的记忆（标志性记忆）。此外还有所谓的工作记忆，使我们可以临时操控信息，将我们与思维中被唤起的概念联系起来，从而进行推理和思考等。

无意识的记忆与刚才描述的不同。例如，我们能够学会骑自行车、用电脑打字或驾驶汽车。这种记忆清楚地存储在我们大脑中，只有当我们想再次骑自行车或按下电脑键时才会被唤起，也就是说，这些记忆不是以有意识的语言方式存在的。这种记忆的唤起是通过一种行为，一种运动来实现的。正如显性记忆通过用文字讲述一个事件表现出来一样，它是在没有文字的情况下被唤起的，显示为我们正在骑自行车。它们是我们用来储存无限日常事物的非陈述性或隐性的记忆，从在厨房里做番茄炒鸡蛋到快速地阅读书籍。

还有许多其他类型的记忆。有一种学习和记忆可以让我们将我们没有意识到的事件联系起来，并促进我们与世界的关系。举一个例子。一只饥饿的狗在得到一盘食物时会流涎。在一个不同的实验中，在同一只饥饿的狗面前，我们没有提供食物，而是按铃。我们将看到，正如预期的那样，在这些新的条件下，狗不会垂涎三尺。现在让我们做第三个实验，每当我们把食物送到狗身边时，同时按响铃声。在重复多次后，我们做最后一个实验，这一次我们只按铃，没有给到食物，而这一次（与我们第一次观察到的相反），狗还是会流涎。很明显，动物将铃声与食物联系在一起，听到铃声使动物联想到食物并做出流涎反应。动物学会并记忆了两种刺激的关联以及它们对刺激的相应反应。同样，这是一种非陈述性记忆，也会发生在人类身上，无法用语言表达。

最后一种值得注意的学习和记忆是，当事件与情绪联系在一起时，它具有强大的力量储存在我们的大脑中。有一个实验可以证明。对动物的皮肤进行非常温和的针刺，或者进行能够引起某种运动反应（比如没有疼痛的肌肉收缩）的电刺激，如果这种刺激重复几次而没有进一步的后果，即刺激之后没有伤害（疼痛）或奖励（快感），则最终导制动物对刺激没有反应或行为。这意味着它已经习惯了。然而，如果刺激确实产生了后果，无论是疼痛还是愉悦，即动物对刺激明显敏感，反应就会增强。在这种情况下，它会记住这一事件的意义，以至于它可以永远避免（痛苦）或重复（快乐）与这些刺激相对应的行为。同样，在我们日常生活中，尤其是当我们还是孩子的时候，不需要太多的词汇来构建这种学习和记忆过程。在有意识的显性记忆中，海马以及其他邻近结构，如内嗅皮质、嗅周皮质和海马旁回以及杏仁核本身，发挥着关键作用。所有这些构成了所谓的内侧颞叶结构（MTLS）。然而，海马虽然对形成记忆至关重要，但并不是这些记忆的最终储存库，而是这些记忆的临时（几年）储存库，而后这些记忆将更永久地储存在大脑皮质中。

目前的神经生物学表明，大脑皮质的每个区域，每个神经回路，都有内在的记忆网络。例如，我们身体的触摸记忆存在于顶叶皮质的体感区域和额叶皮质的运动区域；视觉感知记忆存储在视觉区域；其他感官系统，比如听觉也是如此。我们童年或30年前发生的有意识记忆（我们每天处理并首先储存在海马中的记忆）需要几个月甚至几年的时间才能最终存储在大脑皮质中。这个过程被称为巩固。最近的记忆巩固计算模型表明，在学习过程中，大脑皮质和内侧颞叶结构都建立了初始记忆痕迹。每当记忆事件被唤起或重现时，两个系统之间就会发生相互作用，导致相应区域大脑皮质突触连接的强度小幅增加。从神经生物学的角度来看，记忆记录强度的增加相当于大脑皮质中皮质连接以及大脑皮质和内侧颞叶结构连接之间突触效率的变化。

正如我们已经提到的关于学习的记忆过程，可能涉及有意识和无意识系统之间的合作，至少就它们在行为中的表现是如此。在有意识的陈述性记忆的情况下，发生在我们身上的任何事件，比如遇到一个影响我们的人，都可以改变我们的行为。这种类型的记忆可以被唤起，作为一个简单的想法或视觉图像，被带到意识中、脑海中。相比之下，无意识的非陈述性记忆中所获得的知识以行为本身的机制来表达，

▶ **教育脑科学**

永远不会有意识地显现出痕迹。换句话说，发生在我们身上的、我们无意识记忆的事件被记录在大脑的某些区域，可以改变我们的行为，因此我们不知道为什么有些人、地方、事情和动物让我们感到不快（因为我们没有与他们有关的有意识的记忆记录）。

我们刚提到的内容有利于我们理解，隐藏在大脑中的两三岁之前发生的事情的记忆，对个体未来的行为可能产生特殊意义。大脑中记录每一个有意识事件的区域直到2岁左右才完全发育。这也是为什么没有人记得在那个年龄之前的生活经历。然而，我们的大脑确实以无意识记忆的形式记录了这些事件，并可以以恐惧等形式进行表达。

记忆意味着神经元之间的连接或连接的变化，这种接触部分被称为突触。在海马中观察到了学习和记忆过程中所引起的突触的形态变化。重复使用（重复学习）的突触变得更高效，即从一个神经元传递到另一个神经元的刺激阈值变

第十章 保存所学内容：记忆

小，也即达到特定反应所需要的刺激变小。神经元通过突触的变化来"记住"所发生的事情。这种记忆即神经元之间产生的物理变化。这种变化可以是永久的，并可以被激活、唤起从而使人回忆起已经发生的事情。这些变化发生在神经元微观结构上，突触活动通过对核糖核酸（RNA）合成，从而影响蛋白质和其他大分子，导致神经元的生长。实际上，突触不仅会因学习和记忆过程而改变其形态，还会改变导致这种变化的遗传机制［生物化学、形态学（解剖）和功能］。在海马中发现的一种被称为长时程增强[1]的神经元现象，其遗传和分子机制是已知的，被认为是神经元能够"记住"所接受的刺激的证据。对上述内容最简单的解释是，记忆的形成是因为特定神经回路中的一组突触对相关经验或学习作出反应，引发一连串的分子过程反应，从短暂的突触变化开

---

[1] 长时程增强：Long-Term Potentiation，简称LTP。是一种神经突触的持久增强现象。是由同步刺激两个神经元而发生在两个神经元信号传输中的一种持久的增强现象。

始，最终重新合成插入突触末端的大分子，通过改变其信号特性来改变突触的数量和强度，从而形成经验的表征。

所有这些知识最终应该引导我们找到能够使儿童的记忆过程更有效的方法。这一点虽然与记忆的分子基础没有直接联系，但也得到了认知心理学界的认同，认知心理学致力于在特定学校的背景下创造促进和增强记忆的环境设计。学校和与其他孩子的社交互动是锻炼认知能力的场所，这些认知能力用于学习新的关联（神经网络的互动），并随后在人们的一生中成熟和发展。幼年经历的事件和事实的记录、保留、检索和唤起为后来促进新技能和新知识的获取奠定了基础。因此，通过设计实验来了解和改变早期学习和记忆的机制和可能性，为教育提供相关的新想法，是非常重要的。这些设计应该因人类生命弧的不同阶段的研究而有所不同。

第十一章 个性和复杂的社会角色

个性是独一无二的存在。实现人的个性需要一生的努力,通过大脑的改变和再生来发展,即积累社会中的记忆和学习经验。真正的个性意味着能够独立自主、自给自足,能够独立完成事情,很少需要别人的帮助。

数百万年来,人类几乎完全是在荒蛮和野生的环境中挣扎求生。生存,无论是对个体还是物种,都是一条神圣的法则,必须作为一种价值观和规范加以尊重。在同样不可侵犯的生存价值基础上,成为真正的"人"超越了这一点。在今天的社会背景下，特别是在广泛的民主社会中，要成为一个真正的人类个体，需要以不断的精神斗争来争取尊严和平等，需要获得足够的知识来实现选择和决定的自由。

对抽象知识的获取无疑是人类大脑所发挥的最复杂的功能之一。在高等院校学习，或者是任何一天在某个地方参加讲座学习，都是一项非常复杂的任务，需要时间来集中注意力。学习一门课需要把时间"连接"到课堂上，并建立所学知识之间的关系，将其有序地存放在记忆中。此外，还有一些其他功能，比如情感支持，通过某种方式（甚至是无意识的方式）使人们期待对所学知识给予的掌声或认可，包括课堂上学到的新知识、学业上的成功、社交方面的成功，或者孩子带回家的完成的绘画或写作作业，告诉父母那天在学校发生的所有事情。这些功能很难实现，因为它们不仅需要激发学习和记忆过程，还需要对所有不断跳到脑海中并分散注意力的想法或情绪进行心理抑制。

第十一章　个性和复杂的社会角色

据估计，为了拥有良好的集中注意力的能力，我们必须（暂时）抑制平常我们所想的或大脑中的99%的内容，而只专注于其中的1%，这1%会随着环境的变化而变化。这在任何执行功能中都是非常重要的抑制过程，主要存在于前额叶皮质的神经元回路中，其发育是在儿童6岁左右。这些复杂的功能被定义为允许一个人成功地进行特定目的行为的能力。这是成年人中最常见的情况。这些功能表现为规划和追求特定的目标，包括涉及的情绪控制、价值观的接受和遵守规范等行为的发展，最终实现正确的社会行为。因此这些功能也被称为自我控制或自我认知控制功能。从本质上讲，它们是指涉及伦理道德的所有大脑活动。在很大程度上，这一切都取决于儿童在接受了充实的教育后，前额叶皮质不同区域的正常运作。正因如此，孩子从出生起得到的良好教育，并在学校中得到体现和加强，可以预测孩子成年后的智力和道德素质，即孩子在社会上的成就与发展。

▶ **教育脑科学**

　　这些复杂行为功能，尽管在某些孩子身上可能具有明显的遗传倾向，但也可以在早期的家庭环境中和后来的学校里学习发展。举一个简单的例子，揭示孩子们已经存在的自我控制能力可预测他们未来可能取得社会成功。一群孩子被告知可以从提供给他们的糖果堆中取出糖果，有两种选择：一是他们可以立即吃一颗糖果；二是如果他们有耐心等待即将离开课堂的老师回来，他们可以吃两颗糖果。大多数孩子选择立即吃一颗糖果，只有少部分孩子等待老师归来，在这种情况下，他们得到了承诺的两颗糖果。这项研究最有趣的是，当这些孩子长大后，对他们的性格进行分析发现，那些选择立即奖励（一颗糖果）的孩子更冲动和本能化，而那些选择等待（两颗糖果）的孩子更冷静、沉稳和理性。还有其他研究验证并加强了刚才的结论。例如，在另一项研究中，研究者对1000个个体进行了从出生到32岁这一时间段的跟踪调查，结果表明，在那些父母和老师认为具有良好自制力的

第十一章 个性和复杂的社会角色

孩子中,高中辍学率最低。这证实了上述内容,表明了这些执行功能作为学习成绩的持续预测工具的价值。因此,这告诉我们,孩子从很小的时候开始正确地获取并掌握这些执行功能是极为重要的。

近年来,人们开始认识到除了学校里教学的知识外,学校和教育本身也很重要。在学校里,我们不仅学习阅读、写作和数学,还学习如何与人相处、融入社会生活等其他经验,从而更好地适应社会。因此,人们说学校的职能不仅是传授知识,还有育人。学习、记忆和与他人建立联系都是获得在学校以及进入社会都有用的技能和能力的方式。在学校学习就是不断在思想和情绪的空间获得流动性,最终引导我们做出社会决定。这使我们能够控制自己的行为和情绪反应。归根结底,执行功能指的是我们对自己的控制,或者说对想法、感受和行为的控制。

最近的研究表明,对阅读、写作和数学等基础知识的学习与在学校外的学习不同。仅仅几年的上学时间就会使孩子与从未上学过的孩子有所不同,即使没上过学的孩子在家里和母亲或私人老师一起学习阅读、写作和数学。儿童接受正规教育(教师—其他儿童—行为规则)后其行为的基本方面会显著增强,如工作记忆、抑制冲动、注意力焦点转变,以及决策和解决新问题的能力。因此,学校是一个独特的环境,与学习过程本身分离并对孩子产生神经认知影响。除了以上所述,在学校里还能学习如何与他人合作、将所学知识进行组织和分类;学习如何发展学习记忆,将新的经历与孩子以前的经历进行结合,并获得发展行为的技能;还能学习为实现具体和有针对性的目标持续不断做出决策。所有这些都会增加我们所说的执行或自我控制功能。最近的功能性磁共振成像(MRI)研究表明,学校教育会在大脑皮质的几个特定结构中产生具体变化(例如,连接两个大脑半球的纤维带——胼胝体的体积会存在明显差异,特别是在顶叶皮质

第十一章 个性和复杂的社会角色

的连接区域）。因此，学校教育，即所谓的后工业革命的产物，为儿童的认知发展带来了前所未有的积极影响。

这些执行能力在儿童3～6岁，及8岁的时候发展最快，这一时期通常是孩子从入学前（学前教育和家庭教育）到正规教育的过渡，这段时间可以检测出这些复杂功能的发展能力和不足。有一种用于测量这些执行功能的方法称为维度改变卡片分类任务（Dimensional Change Card Sort，简称DCCS）。在这项测试任务中，孩子们需要从一堆卡片中，根据某个特征选择一系列卡片，例如颜色，然后在他们选择卡片的某一时刻要求他们改变策略，根据增加的另一个特征来选择，例如卡片的特定形状。结果发现，一组孩子能轻松地从根据一个特征进行选择转变为根据两个特征进行选择；而另一组孩子在转变为选择两个特征的卡片时表现出困难、行动迟缓或犯错更多。几年后对这些孩子的随访表明，那些能够轻松无误地改变策略的孩子能力发展执行功能（需要不断改变和决策）更强，并且其学习过程也更容易。而速度较慢、易犯错误的孩子，显示出执行任务功能发展方面的更多不足。这些发现可能有助于设计早期行为疗法，以提高这些儿童的技能。

另一项对罗马尼亚布加勒斯特一家孤儿院的8岁儿童进行的研究间接说明了学校的情感教育和社交互动对儿童的影响。在这项有趣的研究中，第一组儿童被安排在某个情感支持（情感和同理心）充沛的项目中，第二组孩子则没有这样的环境，还增加了第三组在学校接受正规教育的同龄儿童（不属于孤儿院）做对比。实验结束后，对所有的孩子都进行了一项非常简单的测试，他们坐在一块面板前，面板上有两扇用中性光照明的玻璃窗和一个按钮。这项任务（向孩子们解释清楚）包括，每当其中一扇窗户的绿灯亮起时按下他们面前面板上的按钮，但如果另一扇小窗户的红灯同时亮起，就不要按按钮。这是一项既需要持续关注也需要执行或

第十一章 个性和复杂的社会角色

抑制执行功能的行为的任务。孤儿院组中接受情感支持的儿童和对照组中的儿童（学校儿童）都比未接受情感支持的孤儿院组表现出更好的持续关注力，更少犯错误，反应时间更短。这项研究表明，被剥夺情感的儿童在获得执行功能方面存在缺陷，早期情感干预可以减轻这些影响。

语言和多语种的学习似乎是促进这些复杂功能发展的好工具。例如，在父亲讲英语和母亲讲西班牙语的家庭中长大的10～12个月大的双语儿童，已经能够区分两种语言中每一种语言的初级词汇的发音。对于一个从出生起就同时学习两种语言的孩子来说，这两种语言保留在他的大脑中不同的神经回路中。通过学习以及在两个语言库之间的转换，孩子获得了认知优势和认知储备，这些优势和储备将使他一生受用，直至老年。这些优势不仅可以延缓老年痴呆的发作，而且这种双语能力使他们在儿童时期能够比只说一种语言的孩子表现出更强大的执行技能。

▶ **教育脑科学**

　　当说一种语言的儿童或成年人听到一个单词时,他们只需要将其与所拥有的单词库(声音)以及控制其含义的规则进行比较;或者当他们自己发出一个单词的音时,他们只需要从单词库中把单词提取出来。一个会说五种语言的人,在与其他五个人的对话中(每个人只会说其中一种语言),必须不断地从一种语言跳到另一种语言,即无意识地选择、决定。这需要始终使用和锻炼我们所谈论的抑制过程,这些抑制过程与执行功能非常相关,在儿童的应用中更是如此。双语或三语儿童的优势能帮助其促进学习过程。有许多研究证明了这些优势。例如,向一群孩子(双语和单一语言)一张接一张地展示一系列卡片,卡片上面有某个图形(兔子或猴子)、颜色(红色或蓝色)以及有/没有星星。如果给孩子们看的卡片上有星星,孩子们应该根据颜色区分卡片;如果卡片上没有星星,他们应该按图片区分。结果表明,如果在整个实验过程中保持这一规则,所有儿童都会得出相同的结果；但如果规则发生变化（例如，选择相同的东西，但改变星星的含义，有星星时应该按图选择，没有星星则按颜色），使用双语的孩子做得更好，犯的错误也更少。也就是说，双语儿童在面对自发的决策（因此抑制了其他决策）时表现得更有效率。人们认为这些能力延伸到了执行功能所需的整个认知过程。在现实生活中，会说几种语言的人比使用单一语言的人能更快地做出决定，错误也更少。毫无疑问，所有这些因素都决定性地塑造了个体结构的差异化。

第十二章　价值观教育

我们正进入一种新的文化氛围,其中批判性、分析性和创造性思维将成为新知识建设的核心。我们将通过观察、假设和实验(无论是思维实验还是实验室实验)构建更坚实、更广泛的知识体系。毫无疑问,在这种新的文化和思想中,教育将成为人类赖以生存的轴心,使人类越来越远离魔法思维。在这种文化下,人们最终会认为是教育成就了人类,价值观教育理念会脱颖而出,世俗价值观也会与新的价值观理念相伴。有了这些价值观理念,人们才真正扎根于大地,在

▶ **教育脑科学**

情感上意识到自己的有限性,真正重视自己和他人的存在。

新时代即将到来,我们意识到了解大脑如何运作对我们所谈论的新教育工作的价值。莱斯利·哈特①(Leslie Hart)在他的著作中写道:"在不了解神经科学的情况下的教学,(教育)就如同在不知道手的形状和运动方式的情况下设计的手套。"或者更通俗地说,"在从未见过手的情况下尝试设计手套"。无论如何,如果我们希望培养出正直的成年人,就必须在他们小时候进行以价值观理念为主导的教育。从最基本的价值观教育开始,如自我控制或对言行情感的掌握力,到那些我们了解到其源头并以同样方式植根于大脑的其他理念,如自由、平等、美丽或幸福。这些价值观在人类思想史上被反复传颂,被书写了几百万页。

教育意味着培养更优秀和更诚实的人。正如我们在上一

---

①莱斯利·哈特:人类脑科学研究专家,也是最早从教育的角度撰写大脑主题的作家之一,著有 How the Brain Works(人脑如何工作)一书,其主要的观点是学习的过程应该符合大脑信息加工的特点,否则学习将无从谈起。

第十二章 价值观教育

章关于个性和复杂的社会功能中提到的那样，教育意味着除了教学内容（阅读和写作、语言和文学、计算等）之外，还要涉及价值观和规范教学的一切，即建立真正的个性。这种教学过程（价值观教育）要求学校教师的教学与家庭以及与周围或近或远的文化环境保持一致和平衡。

教育价值观指的是通过教学来推动人们遵守尊重他人、社会和代表机构的规范，这意味着人的成长和精神的富足，最终改变我们所处的文化环境。本质上，它指的是教授伦理学的基本原则，而在神经教育的具体背景下，它指的是神经伦理学。事实上，目前神经教育的观点是试图帮助人们找到和界定在整个人类发展过程中最能让某些价值观在大脑中扎根的时间或年龄。据估计，这种扎根的年龄一般在3岁左右，时间一直持续到整个小学，直至青春期和青年期。这显然应该从孩子们抓起，用简单易懂的例子，以建立规范原则，从而让他们养成习惯，并最终通过这些习惯来遵守同样的价值观。

毫无疑问，价值观的传授对人类社会的现在和未来无比重要，特别是现在。为此，了解产生这些价值观的大脑工作机制至关重要。这些数据的主要神经生物学基础是前额叶皮质的神经回路和网络。今天，神经心理学提供了这一基础的知识。无论是由事故或分娩期间的创伤引起的，还是心理、社会或文化损伤引起的，前额叶皮质（布罗德曼皮质区[①]10和11位置）的损伤都与内疚感或责任感的丧失或减弱有关。腹内侧前额叶皮质的损伤会导致行为和道德规范方面的各种生理或心理缺陷。当伤害发生在儿童和成人身上时，这些行为的改变会有显著差异。总体而言，在生理发育过程中，前额叶皮质的所有这些区域直到23～26岁才发育成熟（主要是轴突的完全髓鞘形成），这是完成大学学习（本科生和研究

---

① 布罗德曼皮质区（cortical areas of Brodmann）：一个根据细胞结构将大脑皮层划分为一系列解剖区域的系统。1909年科比尼安·布罗德曼（Korbinian Brodmann）依据皮质不同部位的细胞构筑，将猫的大脑皮质划分为52区。

第十二章 价值观教育

生）或接受职业、其他培训后开始工作生活的年龄。这让我们思考，在进行价值观教育时，是否应该向这个年龄段的人们不断地以符合其情感世界和感受的方式进行教育。

价值观教育是指对社会行为的（普遍的）基本价值观的教育，不仅是指实现守时、责任感、个性建设、自我控制（冲动）和对语言的情感掌握，而且包括其他伦理概念，即自由、尊严、平等、高尚、正义、真理、美（普遍的伦理和美学概念）和幸福（与快乐截然不同的现实）。上述价值点对应有优秀的实例，可以起到示范作用。所有这些都应该是一个连续且有规律的教学体，可以从青春期（大脑和行为经常失控的时期）过渡到青年和成人时期，直到生命的后期，以巩固许多认知能力、工作记忆、决策、情绪自控能力（行为和语言表达）。青春期是一个艰难的阶段，在这个阶段，个性像一场头脑风暴一样，占据了主导地位，后天的价值观和规范受到了动摇，如果这些价值观和准则没有在大脑中牢牢扎根和巩固,很容易被侵犯。英国的伊顿公学①是一个很好的例子,说明了教学和教育在人类生活的这一时期(13～18岁)的重要性。

尽管我们不想在这里深入讨论青少年问题,但值得强调的是,近来人们对西方文化(神经文化)和这一生命阶段中大脑中正在发生的加速变化极度关注。这些变化表现为一些神经元的死亡和其他神经元的改变,例如体积的增大。这些变化是通过在这个年龄进入大脑的感觉和情绪信息来塑造的,导致大脑结构(突触)的重组。这些变化主要发生在前额叶皮质,伴随着边缘(情感)系统和前扣带回皮质的其他几个区域的成熟,在这些区域,神经输入与情绪、认知、意图和行动的信息融合在一起。前额叶区域是信息通往其他皮质区域的重要节点和中枢,是与控制情绪、情感、道德、社

---

①伊顿公学:全名为温莎宫畔伊顿圣母英皇书院,是英国著名的男子公学,位于英格兰温莎。1440年,亨利六世创立了伊顿公学,最早为70名贫穷学生提供免费教育,作为进入剑桥大学英皇学院的预备学校。

第十二章 价值观教育

交能力和同理心有关的执行过程的基础，这些过程与成熟的个性有关。对前额叶皮质最小的改变或损害都会产生戏剧性的行为变化。

青少年非常依赖自身所处的文化，因此非常依赖身边的人。对他人的依赖是自身优柔寡断、反复无常情绪行为的持续参照。因此，认知神经科学和神经教育本身的重要性在于，了解这些大脑变化的决定因素，以及家庭环境、学校教育和青少年活动的社会群体环境在这一过程中的关键作用。所有这些因素都具有持久且有影响力的价值，有助于实现稳定的成年价值观教育。

对上述内容的简短总结可能是必要的，我想强调一些神经教育中最基本的价值观概念，这些早期的基础价值观与其他一些理念被视为人类关系的更深层的哲学基础，这些都在 *Cuando el cerebro juega con las ideas*（大脑创意游戏）一书中得到了详细阐述（Alianza Editorial，2016）。

▶ **教育脑科学**

在广泛而复杂的教育体系中,我们追溯这些价值观在大脑中的根源(这证明了在本书中谈论它们是合理的),简要总结如下:

一是基本价值观和规范。这些是应该从小树立的价值观,应该在3~7岁,即开始形成显性记忆意识的年龄进行教学(幼儿和小学阶段)。

1. 准时。在一个"计时"人际关系的世界里,对于会议、约会或与"他人"交往的承诺,准时是一种重要的价值观。从本质上讲,它指的是尊重他人的时间。在与某人会面时,你应该尽量提前五分钟赶到,不要晚于五分钟以上。

2. 责任或履行承诺。我们需要进行正确的教育,让孩子意识到要(植根于自身情感和情绪中)尊重他人。不履行承诺会产生不履约的内疚感,这将促使他们纠正错误并表达歉意。如上所述,布罗德曼皮质区的10和11位置包含的神经网络,其损伤或减少将消除这种感觉。儿童或成人的这些区域的损伤在行为表现上有显著差异。

3.个性、自主性（逐渐转化为无意识的习惯）。教育孩子在面对要解决的问题时"应该自己动手，尝试自己解决问题"，让孩子通过试验、犯错和纠正自己进行探索，而不是从一开始就找别人帮忙。

4.冲动的自我控制。可以向孩子提出需要经过深思熟虑才能做出决定的问题，来训练执行任务过程中的"沉着冷静"和必要且持续的"注意力"。缺乏自我控制会产生冲动，这种冲动不仅表现在运动行为和与他人的关系中的行动上，也可以表现为语言和与"他人"的对话中缺乏情绪控制。据推测，额下回①包含参与这些行为抑制能力的神经节点（见本书第十一章）。

5.语言的情感掌握。它既体现在语调（正确发音和重

---

①额下回（Inferior frontal gyrus）：大脑额叶最底部的脑回，属于前额叶皮质。

音）中，也体现在句子的情感色彩中，甚至体现在一个单词中。冲动也可以表现为对文字象征性内容所传达的情感色彩（语气、声音调制）缺乏控制。文字就像在情感的浩瀚大海中航行的小船，当海洋上有暴风雨时，小船（文字）永远不会到达目的地，暴风雨指的是它们之前在对方身上引起的拒绝、不安、情感低落和攻击性。早期缺乏这种教育会导致成年后人际关系存在重大缺陷。

6.伦理道德及其基本原则。要通过情感和示范向孩子传达对他人的尊重。基本教学方式开始于告诉孩子：即使其他孩子手里拿着两块糖果，你也不能从他手中拿走一块，只有当对方先和你分享才可以。再比如：虽然你放学后可以从自家的水果店里拿一个苹果，但如果苹果在另一个孩子手里，你就不应该不经他的同意就拿走。这种教学的基础在于让孩子们设身处地地去理解别人，并体验到自己在这种情况下的感受。大脑的许多区域和神经回路是这些行为的基础，这些

第十二章 价值观教育

行为在 *Neurocultura*（神经文化）（Alianza Editorial，2007）一书中做了详细的相关阐述。

7.尊重他人的空间。这指的是无论是在家里、学校还是公园里，对话的强度和音量不能侵入和干扰他人的对话。这需要从情感上理解对"像你一样的其他人"的尊重。例如，无论你是儿童、年轻人还是成年人，无论是在车站、机场、医院、公共汽车、火车还是任何其他公共交通工具上，永远不要坐在为老年人或残疾人保留的座位上，即使座位是空的。

二是其他基本价值观。互有交集的价值观，比如自由、尊严、平等、高尚、正义、真理、美丽和幸福［在 *Cuando el cerebro juega con las ideas*（大脑创意游戏）一书中提到］。这些教学应该从6岁开始，并贯穿整个小学阶段，一直持续到18岁。其中包括以下几点：

1.自由。在早期，自由的概念与自主性（我们之前已经提到过）的概念联系在一起，即能够自己完成任务，不受限制地做事，不再依赖他人。在当前多元民主的社会和教育的背景下，自由是一种打破无知的枷锁的力量（知识+教育）。这让人们意识到，真正的自由，源于知识，而且知识越多、越深入，我们就越能做出更好的选择。只有知识才能让我们真正自由。

2.尊严。为了让孩子理解这一词语，有必要让孩子明白，他人在生命本质上与你完全相同。这种尊严始于尊重自己和他人的隐私、思想、感情、观点、信仰和沉默，以及所有人类固有的属性。别人拥有和你一样的价值。在尊严上，我们都是平等的。

3.平等。从一开始就要教育孩子们，我们都是平等的。平等意味着，我们每个人都可以没有约束、没有恐惧地表达我们的不同观点，无论我们是男性还是女性，年轻还是年老，聪明还是不那么聪明。平等是指在一个自由的社会中所有人都拥有在社会中实现自我的相同机会和权利。

4.高尚。它意味着尊重、慷慨、专注、无私和富有同情心。当你最坏的敌人做出慷慨或一些公平、诚实、杰出的行为时,要为他鼓掌喝彩。

5.正义。它源于不认为自己被贬低、被区别对待、受到惩罚、无力反击或受到无情对待。正义源于一种社会制度,它不允许"强者的正义"存在,也不允许大鱼吃小鱼。

6.真理。应明白在教育孩子时,绝对真理并不存在,只有提供批判性、分析性和创造性思维构建而成的人类的相对真理。

7.审美。这是人类大脑的真正创造。如果没有人类,这个世界就不会有美。美在很大程度上取决于一个人生活的文化参数。对美的欣赏需要高水平和精细的教育。要欣赏米开朗琪罗的《大卫》或贝多芬的《第九交响曲》中的任何一段中的美,都需要知识和欣赏的能力。我们需要了解和欣赏对称性、秩序性、相称性,以及感知时间、平静的回忆和无法满足的快乐。这种愉悦的快感比基本的快感具有更高的层次。

8.幸福。本质上，它是没有痛苦的存在。完全的幸福是不可能的，它意味着世界上所有的"快乐"都不存在了。快乐（大自然的伟大发明）是一种幻觉、错觉和欲望，就像是被吞下的诱饵一样，让我们活着。快乐的实现往往会带来困扰、悲伤、痛苦和侵略，它总是在我们身体的失衡时出现（饥饿、口渴、缺乏性欲、缺乏睡眠、寒冷时需要温暖或炎热时需要温暖）。快乐是对有机体恢复平衡的呼唤。因此人类只能体验到"幸福的闪烁"。正是在这些短暂的时间里，平衡、慷慨、幸福和利他主义才占了上风。这就是人类的幸福。

第十三章　重复和犯错以及如何更好地教和学

学习不仅是感知和获得所感知的事物的意义及其记忆，而且从根本上讲，是将感知或想法联系起来，并在其中找到新的意义。学习不像一道闪电，一种突然照亮所学知识意义的冲击。学习是一个需要耐心、耗费精力的过程，涉及多种认知成分，包括情绪，帮助我们完成任务并理解学习内容的意义。但即使在实现了这一点之后，它仍然需要一个漫长的消化和消除错误的过程。这种消化要求不断重复已经学到的内容，从而纠正可能出现的误解和错误。因此，真正好的学习，需要赋予孩子权利，允许他们犯错和纠错。错误或误解必须被视为学习过程本身的一个重要组成部分，因为没有错误及对其不断地纠正，就没有真正的学习。此外，没有错误和纠错，就没有创造力，而创造力是我们学习新事物的最高层次。

注意力下诞生的想法是在思维线索中产生知识的纽带，这就是学习的过程。将所学的知识铭记于心就是记忆。通过重复学习并仔细检查错误，可以进一步加深对学习内容的理解，并帮助我们更好地记忆。每个学生都知道这一点。任何新的学习都只有在大量时间的重复后才会牢固地储存在记忆中，并通过强化构成记忆基础的神经网络来加强记忆的稳定性。这种重复学习的神经生物学基础是我们所知道的海马，即显性记忆的主要区域。我们已经讨论过（第十章）发生在海马中的记忆现象——长时程增强，即重复的刺激引起神经元突触持久的分子变化。这些变化被认为是神经元记忆所发

第十三章　重复和犯错以及如何更好地教和学

生事情的一种形式。我们现在已经知道，某些神经递质，如谷氨酸和钙离子，对于这种突触持久变化（记忆）的产生及其长期的保持至关重要。重复学习作为行为和认知现象，意味着重新评估和反思学习过程中的错误。事实上，我们应该将误解和错误视为学习和记忆过程本身固有的事件。

当我提到长颈鹿走进教室并引起学生们的注意时，我们可能会认为，这在这些学生一生中只发生过一次的事件，会被他们终生铭记。但事实并非如此。要真正牢记某件事情，无论是什么样的事件，都需要重复多次，当然这里指的不是物理上的重复进行，而是在头脑中进行的重复思考和回忆。如果长颈鹿事件真的发生了，我们会数百或数千次地反复说给别人听。这就是使记忆牢固的原因。因此，大脑需要对所有需要学习和记忆的东西进行重复。只有通过重复，人们才能很好地记住，并且这种记忆可能持续一生。上述所有内容都与感知、感官以及视觉学习有关。隐性学习也同样如此。

▶ **教育脑科学**

每个人都记得自己是如何学会骑自行车的，并不断重复这个过程。我经常听到父母这样说，当父母教孩子进行手工制作时，孩子似乎已经学会了，但父母试图再重复一次，以便让孩子"非常清楚"，但随后，孩子自发地喊道"让我自己试试吧"，也就是说，"让我重复一遍，让我犯错"。只有孩子自己重复实践和修正错误，他才会经历一种情绪反应，即奖励和快乐的感受，并将其牢固地储存在记忆中。让我再强调一遍，犯错误是学习过程的一部分。

我们可以在孩子玩耍时观察到这些。孩子在玩耍时，他们会在不同的时间里，不断地重复正在做的事情。当然，不是通过相同和自动的重复，而是以我们可以称之为"补充"的方式，即从不同但有助于解决问题的角度。在游戏中，孩子为了实现相同的目标，例如组装玩具的零件，会重复这个游戏过程，试图在不同的时间和以不同的顺序将这些零件组装在一起。因此，玩具组装所带来的最终的满足和成就的情感会牢牢地刻在他们的大脑中。对青少年和大学生的研究表明，在推理和学习新思想或概念的过程中，或者在学习数学或执行功能的过程中，也会发生类似的情况。总之，良好的学习习惯并保持这些记忆联想以便能够唤起并用于构建自己的知识和记忆系统，需要对所学知识不断地重复，以及对相应情感成分的持续体验。

我们也能从中得到对于教学有益的知识。我在大学教书时会利用刚才提到的一切知识。我发现，我所说的趋同重复的内容，即在整个课堂上以不同的角度和例子重申的一系列基本或相关概念，对于学生来说很有价值。显然，不断地对学生重复同样的内容而不考虑这对学习效果是否有帮助是没有意义的。因此，当强调相同的概念时，情感意义的重要性不言而喻。这意味着，将难以理解的概念与情感意义结合起来。在我们多次重复希望学生学习和记住的概念时，这些情感意义都必须不同。此外，有趣的是，重复不仅对学习者有好处，也对教学者有好处。这让我想起了西塞罗说的："要想学好，就必须教好。"当一个人在教授他以前学习过的知识时，他会意识到自己在学习中所犯的错误。他会学习、犯错、重复、查询多个来源、对比和校正，然后在细节上再次犯错误并通过进一步的学习加以完善。最终在他向学生表达时，或许也会有这样的经历，即在对这个主题的理解中留下了一些漏洞，他会发现那些漏洞并加以修正。因此我坚持认为，这种重复有双重好处，既有利于教师，也有利于学生。

关于学习和重复已经学到的内容还有另一方面，即睡眠。许多数据说明了睡眠在记忆巩固中的重要性。在睡眠中重复已经学到的东西也是很重要的。有一些关于鸟类（尤其是鸣禽）大脑的有趣实验也强调了重复的重要性。在这些鸟类的睡眠期间，研究者记录下对它们唱歌很重要的大脑区域的单个神经元的活动（动作电位模式），这些记录到的活动模式与鸟类学习唱歌时记录下的活动模式非常相似。仿佛睡

第十三章 重复和犯错以及如何更好地教和学

梦中的鸟儿在重复和练习那首歌。这让我们得出了目前更能接受的观点：即在睡眠期间，大脑会巩固对个人来说很重要的白天学到的东西，进行生化和解剖学上的建立。最后，我想强调与本章相关的大脑区域，即补充运动区域及其在学习良好的运动行为的心理重复中的作用。举一个能很好地说明这一点的例子。很多人都见过运动员跳高，他们在每次跳跃前都会闭上眼睛，在脑海中重复跳跃前每一个步骤顺序和跳跃动作。在这个重复的过程中，补充运动区域发挥了重要作用。有许多实验表明，这种心理重复的重要性不仅在于完成动作行为本身，还在于巩固跳跃成功的情感。

第十四章　云雀和猫头鹰：优化教育活动

人类作为地球的孩子，其行为始终受到地球昼夜节律（24小时周期）的主导，从受孕到出生，再到生命的全过程。这意味着人类的生理和行为，当然包括大脑的功能，都受到昼夜节律的影响。事实上，我们很清楚这些节律在许多神经元回路和神经递质的活动中产生的变化，这些神经元回路和神经递质与它们一起支配着人类的行为。所有这些都让我们意识到这些节律对于理解教育过程，尤其是儿童教育过程十分重要。众所周知，许多人都具有基因倾向，并在

教育脑科学

他们的大脑中表现出来：早起、活跃并能够在清晨学习（云雀）；或晚起、活跃，但这种活跃却是在早上醒来后稍晚些（猫头鹰）。显然，这些倾向对学校课堂的整体学习节奏有着强大的影响。这种神经时间生物学知识让我们在思考在课堂上要进行与所教科目相关的时间设计时，应该把相对较难的教学内容放在上午的晚些时候（十点左右）进行，也就是"猫头鹰"和"云雀"都活跃的时间。

人类在白天进行活动，在晚上则休息入眠，这是众所周知的。但人们通常没有意识到这一规律对教育和教学有很多重要的影响。这在教学的早期阶段尤为重要，因为孩子们的睡眠在教育中起着重要的作用，应该深入了解以便在幼儿园和学校进行良好的教育。我们应该记住，新生儿每天的睡眠时间在14～16个小时。从那时起直到青少年时期，平均睡眠时间逐渐减少至8小时。在从出生到青春期的这段时间里，1岁的孩子通常晚上睡11～12个小时，再加上通常分布在两个

第十四章 云雀和猫头鹰：优化教育活动

不同时段的两三个小时的白天睡眠；3岁时，孩子的夜间睡眠时间减少到10小时左右，同时需要增加一个半小时的白天睡眠；在4~6岁这一阶段，孩子们不再经常午睡了。所有这些参数都受到个体差异的影响，也受到所处文化和地理环境的影响。因此，了解睡眠这一章的内容，尤其是了解不同年龄阶段的幼儿对睡眠时间的不同要求，对教育工作者来说非常重要。有研究表明，减少一两个小时的睡眠虽然对孩子的正常作息不会有明显影响，但会影响孩子对某些信息的处理速度，进而影响其记忆。如前一章所述，睡眠对于巩固记忆是非常重要的，它也是在课堂上保持一定的注意力水平的必要条件。跟随一节课并理解课上所讲授的内容是可能的，但如果没有良好的睡眠，所学的内容可能无法在课后得到充分的记忆。因此，深度和充足的夜间睡眠对于记忆和回忆所学知识非常重要。成年人睡眠不足，也会表现出（无意识的）疲劳感和继续工作的欲望下降。这一点尤其体现在那些需要高度集中注意力的工作中。

除了每个人共同和普遍需要的夜间睡眠外（除非改变清醒-睡眠节律），还需要考虑每个人的生物钟类型差异等因素，这对于学习和记忆也非常重要。儿童和成年人在就寝时间和起床时间上的习惯，以及在一天中需要休息的时间上都存在差异，休息之后，他们对于再次从事某项工作的感觉也不同。有研究表明，人们有不同的生物钟类型，生物钟是一种不同于其他时序的内在时钟。这个时钟会指导我们在不同的时间入睡和起床，并在相应的时间段更好地开展工作，比如在深夜工作到很晚或者在早上非常早的时间开始工作。对于儿童来说，他们可能会受到学校强制实施的时间表的影响。当然，这一切也与所处地区或国家的地理、气候和文化有关。例如，在某些地理纬度上，一些学校可能比其他地方的学校更早或更晚开始教学。具有不同生物钟类型的儿童会更好或更差地适应这些不同的习惯或时间表。但即使不考虑这些因素，这一切在任

第十四章 云雀和猫头鹰：优化教育活动

何情况下都具有重要意义。我指的是内在昼夜节律与学校强制实施的时间表可能不同步的特定事实。了解这一点对于儿童的教育具有重要意义，并产生重大影响。

值得注意的有趣的方面是，这两种时间类型在一个人的一生中似乎都并不是永久的。例如，有研究发现，在青春期之前属于"猫头鹰型"的儿童在成年后，尤其是到老年时，可以转变为"云雀型"。人在青春期和青少年期，睡眠问题变得尤为突出——许多这个年龄段的男孩和女孩睡眠不足，这是家长和老师无法回避的。事实上，他们一周中的睡眠时间不足以保证良好的学习和记忆。这必然会对他们的行为、执行功能以及与他人的情感关系产生影响（就像我们已经为儿童指出的那样）。

此外，还要考虑中午和下午早些时候发生的生理上的嗜睡，这段时间通常被称为"午睡时间"。在中午时，无论食物的摄入量和丰富度如何，人体体温都会下降，并伴随着嗜

▶ **教育脑科学**

睡，这是生理调节的，因此这段时期精神表现明显不佳。成年人的这段睡眠时间应该很短，在10～15分钟，之后会迅速恢复与小睡前专注水平相等的精神活动。如果这段时间延长，这种精神水平可能要到一两个小时后才能得以恢复。正如我们在本章开头所指出的，对于儿童来说，这一时长很大程度上取决于年龄。有趣的是，对于那些在考试前通宵学习的人来说，在凌晨四点到早上七点这段时间里，对特定任务的注意力和持续执行力也会显著下降。我们现在在一定程度上了解了这两个时间状态（午觉和清晨注意力下降）的大脑运作机制，知道它们主要涉及下丘脑、脑干上行网状物质的活动及其对大脑皮质的辐射作用。当然，无论是在午休时间，还是在凌晨的最后一段时间，不同的人之间也有相当大的差异。

这里考虑的所有方面似乎都很微小，因为每个人都知道，因此它们几乎没有得到任何重视。然而，如果不适当考

第十四章 云雀和猫头鹰：优化教育活动

虑这些因素，会导致许多儿童不光在学校，在家庭中也会出现问题。因此，在第十七章中也提及了这些因素，以及与心理表现有关的一些因素。

还需要提到一个要素是"社会时差"①这一概念，它赋予假期（无论是冬季、春季还是夏季）一定的负面含义。研究表明，在这些时间的休息或不活动之后，儿童（以及青少年和大学生）的表现会发生变化，对既定的日常上课节奏有明显的负面影响。我们是否应该研究这些假期的节奏并重新评估其持续时间？是否应该通过逐渐增加学校任务的方式来调整学生的节奏和需求，以适应学生休息后的变化？

---

① 社会时差（简称SJ）是指因为现代生活方式与人类进化形成的生物钟发生冲突。德国慕尼黑大学研究人员发现，这或许源于人体生物钟与工作生活日程安排不匹配，形成"社会时差"。

第十五章　神经神话：我们知道如何摧毁虚假

神经神话是指将神经科学知识错误应用于教育和教学时产生的虚假事实。神经神话现象随着时间的推移越来越多，这主要是因为将神经科学知识忠实地传达给教师是十分困难的。目前有50多种神经神话，随着对大脑功能的新发现，其数量还在不断增加。这种误解是一个很难根除的严重问题，只要举一个例子就足以说明。普遍流行的神经神话之一"人类只开发了其10%的大脑容量"，已经在社会上传播开来。当问及许多不同国家的在职教师这种神经神话的真实性时，

教育脑科学

他们的回答出奇的一致和肯定。具体来说，在英国有48%的人认为这一神经神话是真的；荷兰为46%；土耳其占50%；希腊占43%；中国占59%。造成这种认知很大程度上是媒体的责任，他们对神经科学不甚了解，却继续助长和传播这些虚假的言论。这一切的危险在于，这些虚假的真相进入学校时却被认为是有用的"神经科学信息"用于指导教师的教学。因此，在使用一种未被充分了解的知识之前，获得充分的信息并成为批判性思维者至关重要。我们所有人都需要通过合作获取这种批判性思维。

如果有人试图向教师们销售一款基于大脑运作原理的计算机程序，使得他们可以更好地进行教学，教师们首先要做的就是检查自己的钱包，因为卖家只想赚钱。如今出售的程序之中，一部分包含了错误的教学概念，这是由于我们目前对大脑如何工作的数据还缺乏了解。许多教师急于用新的方法来实施教学，以提升他们的教学效果，却没有准备好评估这些程序项

第十五章　神经神话：我们知道如何摧毁虚假

目，并认为这些课程在神经科学方面有很好的基础。

问题不在于教师本身，而在于向他们传授神经科学知识的严酷现实。神经科学家和教师（以及与大学教授）之间存在着这种知识转移的冲突，这主要是由于前者用于与后者交流的语言，以及后者（教师）为了确切地理解和掌握这些知识，批判性地提供程序，然后将这些知识授于学生。这导致了对科学事实的许多困惑和重大误解，并产生了所谓的神经神话，即由对该学科知之甚少的人对科学数据的解释产生的神话（虚假事实）。

大约在2005年，在剑桥大学神经科学教育中心宣布成立的会议上，参加会议的教师们表示，他们每年收到70多封电子邮件，鼓励他们参加基于大脑知识的"如何在学校更好地教学"课程。几乎所有西方国家都存在这种现象。正如我们已经指出的那样，其中一些课程助长了对科学数据的误解，从而导致了对这些知识可能带来的好处的虚假应用。幸运的是，这一切正在发生改变。神经科学家们已经提醒教师和学校注意这些问题，并在某种程度上提出了解决这些问题的方案。

除了上述情况外，神经神话还会导致教师和教授产生不切实际的期望。如第二章所述，儿童的大脑中会发生大量和丰富的突触增殖（每天有数百万个突触）。基于这一事实，人们推测，可以利用这些丰富而深刻的变化，用概念、词汇、历史事件、孤立的事实和复杂的感知来"淹没"他们的大脑，以便在突触生长过程中更好地被吸收并融入大脑。他们认为通过这种方式，在这些儿童成年后，他们的认知能力将优于那些没有使用过这些方法的同龄人。遗憾的是，这些想法的倡导者没有考虑到，关于突触增殖这一神经生物学现象与学习过程之间的关系缺乏科学证据。此外，父母在面对这种类型的提议时，总是以一种基于情绪化的方式做出反应：但是，孩子们在幼年以一种简单的方式学习基本甚至决

第十五章 神经神话：我们知道如何摧毁虚假

定性的东西，这难道不是事实吗？即使这不是完全正确的，我怎么能不为我的孩子利用这种可能的优势呢？……

父母们忽略的是在幼年时期学好东西需要一种基本活动，这种活动可以概括为自发性、愉悦性、简单运动和直接可及的感官之间的游戏。

在这方面，还有另一种被称为"莫扎特效应"的现象。有一段时间，人们认为听莫扎特创作的钢琴奏鸣曲或交响乐，相对于安静或听轻松的谈话，可以提高孩子的学习能力，也有助于大学生进行抽象推理。其他后续研究还表明，不仅是莫扎特的音乐，其他音乐，甚至是阅读一本书中有吸引力的段落，都能够影响孩子们完成任务，无论他们是剪纸还是制作已经装饰好边缘的纸板图形。由此推断，如果孩子在幼年时在家里放松的氛围中听莫扎特的音乐，可能会对他们的心理发展产生有益的影响，使他们更能干、更聪明。后来的严格研究清楚地表明事实并非如此。莫扎特效应也因此被废弃。

聆听和演奏乐器对认知能力的提升确实有好处。但仅仅听音乐并不能产生任何明显的好处，同时聆听和演奏才可能带来好处。弹奏乐器需要感知、执行和操作，同时激活感觉和运动区域，确实会对儿童的整体能力产生积极影响。最近的研究表明，演奏乐器有助于提高对语言的理解，也有助于提高一般技能，如注意力、对刺激（音调）的感知和辨别、工作记忆和自我行为控制。现今在神经科学领域，我们很清楚运动活动对感官感知本身产生的影响。感觉和运动之间存在着持续的必不可少的对话，这对两个系统的功能发挥作用和认知世界的坚实构建都有必要。

尽管神经科学已经否定了许多神经神话，但它们仍然在民间流行，这主要是由于媒体的不断重复。例如，"人类只开发了其10%的大脑容量"这一神经神话，导致人们想象大脑拥有巨大潜力，如果我们将所有的大脑容量加以利用，可

第十五章 神经神话：我们知道如何摧毁虚假

以预期每个人的智力都会大幅提高。正如我刚才所说，这个神话不仅在普通人中，在大学生甚至在一些神经科学家中仍然非常流行。在一项调查中，大学生被问道："你认为人们大致开发了大脑潜力的百分之几？"三分之一的受访者会回答10%。在多个国家进行的类似调查也获得了相同或相似的结果。在对神经科学家进行的同样问题的调查中，有6%的神经科学家也回答是10%。令人好奇的是，尽管经过这么多年的科学研究表明这一说法是错误的，但现在仍有基于这一说法的程序在出售，人们相信它，希望能够提高自己的能力和智力，超越自己的局限。不久前，美国国家研究委员会开会讨论了这个神经神话，得出的结论是，只有公开表明它的虚假性，才能彻底消除这一神话的影响，并强调它与许多自我提高能力的神奇建议一样是一条徒劳的道路，因为在提高一个人的智力或其他能力方面，没有什么能取代缓慢而艰苦的工作和训练过程。让我们面对现实吧，每当大脑在学习和

> **教育脑科学**

记忆过程中解决问题时，它都会使用所有的资源（遗传学和训练）。

另一种神经神话是关于左右脑的，即儿童在出生时被归类为右脑或左脑占优势后，就应该在学校接受相应的教育。这是因为在实验室中分别分析两个大脑半球的功能时发现，右脑从根本上是一个"整体的、全局性"的大脑，它可以进行跨越时间和空间的联系，其功能需要一种分散的、无意识的注意力（与我们最了解的执行、持续和专注的注意力相反），是"创造者"大脑。而左脑是侧重语言、逻辑和数学方向的大脑，在学习过程中需要集中性的注意力，是"分析者"大脑。根据这些数据，人们推断出有以右脑为主导的儿童和以左脑为主导的儿童。这就造成了一种误解，即认为人有两部分独立工作且有偏向不同类型学习的大脑，如果在早期儿童教育中没有正确地进行这种分离，就会对儿童造成伤害。有一段时间，这种神经神话产生了创建教学结构的想

第十五章 神经神话：我们知道如何摧毁虚假

法，确保学生在接受教育时，能够充分发挥他们不同类型学习的自然偏好，例如，对以右脑为主导地位的自然偏好（绘画、想象力、直觉、问题的全局视野、创造力）的学生和以左脑为主导地位的自然偏好（推理、计算、语言）的学生进行不同的教学。然而事实上，左右脑之间不存在这种二分，从生理学的角度来看，正常情况下，人没有左右脑之分，因为两个大脑之间通过胼胝体进行恒定的信息传递。因此可见，尽管毫无疑问会有与数学或绘画相关的天赋和能力，但这并不是指左右大脑本身的能力，而是指由两个半球联合功能的产物。因此，培养孩子的优势才能而忽略其他方面能力的发展，是严重的错误。幼儿教育必须是全面的，平衡地以不同程度展现儿童的所有潜力。当前教育已经做到了这一点，这个神话早就被摒弃了。

还有另一个也被摒弃的神经神话：人们认为所谓的视觉、听觉或动觉儿童（即通过视觉、听觉、身体或手势运动

> **教育脑科学**

感知学习得更好的儿童）有不同的天赋。这导致人们创建一些程序提供给许多教师，建议通过视觉、听觉或动觉为主的刺激选择性地给孩子上课，从一开始学校就给他们贴上带有字母V、A和K的标牌，并将不同类型的教学模式选择性集中在他们身上。然而，并没有发现任何证据来证明这些教学的有效性。无论如何，人们现在认为这样的模式会损害使用其他系统进行的教学，进而对孩子正常的平衡发展产生干扰和破坏。显然，这一起初被视为合乎逻辑的做法在实践中是失败的，所以也被放弃了。

最后，我想强调另一个关于计算机和大脑的神经神话。在教学领域，人们经常误用类比，认为大脑的工作和操作方式就和计算机一样，从科学的角度讲，这种过于简单化的想法使得人们错误而简单地理解了大脑功能的相关概念。人类大脑是进化过程中的实际产物，而不是最终产物，它是生物艰难进化中的"实验场"，经历了数百万年不断地反复调

第十五章 神经神话：我们知道如何摧毁虚假

整。人脑不是一台机器，它是一个与高度认知功能有关的器官，关于它如何运作，我们一无所知。而计算机是一台机器，它的组件和功能是众所周知的，因为它是由人创造的，包括那些通过与环境交互来自我学习和改变其结构和可操作性的计算机。大脑的运作方式与计算机不同，与计算机在解决问题时相对的刚性相比，大脑有无限的方法来解决问题，最重要的是，大脑基于情感意义和有意识与无意识地进行运作，这是任何计算机设计都无法实现的。

还有50多种神经神话被创造出来并在普通人中流传。例如，有人宣扬在学习其他语言之前必须先熟练掌握一种语言，这是错误的。从出生起就从父母那里学习两种语言的孩子不会混淆它们。而且，同时学习两种语言的孩子会获得认知优势，他们大脑中负责语言的结构得到强化，更便于在以后的生活中学习其他语言。我们已经在第十一章中讨论过这一点。另一种神经神话是，男性和女性的大脑在学习方式上

▶ **教育脑科学**

有所不同，但没有确凿的数据可以证明这一点。即使存在这种差异也很微小，可能被个体差异本身所淡化。最后还有另一个被广泛接受和相信的神话是超感官知觉[①]，俗称"第六感"，它并不存在，但它助长和维护了原始的迷信思维，而不是批判性和分析性思维（见第二十一章）。

毫无疑问，社会和文化因素在神经神话的创建方面发挥着突出作用。刚才提到的超感官知觉的神话适用于这种情况。例如，那些不断受到安全威胁（战争）、无家可归、担心健康并有失去生命风险的人群，以及那些有安全感、教育水平和经济水平高的其他群体，他们对魔法和超自然信仰的差异存在显著区别，后者对超自然和魔法的信仰水平远远低于前者。

[①]超感官知觉指不凭借感官信息而对外界事物获得知觉经验的现象。

第十六章　在阳光下学习：学习的环境

建筑可能是人类社会最新、最复杂的学科，它既包含理性和计算，又强调情感和感受。建筑打破了自然的时间和空间，将它们转化为人类的时间和空间——一种具有新的复杂秩序的空间。最近，在神经文化这种新的文化背景下，神经建筑学诞生了。这是基于大脑功能的知识而创建的学科，它将各种成分融入一个新的维度中，其目的是给人类提供更大的福祉，增强他们的个人和社会能力。这尤其反映在医院和学校的设计中。神经建筑学开始与教学密切相关，因为人们

▶ **教育脑科学**

开始看到学校建筑及其自身环境带来的影响，这些影响表现在建筑的形状、朝向、室内设计、教室及其装饰和颜色、绘画、光线、声音、温度、绿化或教室和走廊墙上的壁画等多方面，以及它们是否会随着时间的推移而变化。所有这些因素对教育和教学有着强大的影响，因此，神经建筑学对教育和教学非常重要。

为什么学生在明亮宽敞、拥有大窗户和自然光线的教室里上课比在狭窄、光线差的教室中上课表现得更好？在大城市，已建成和正在建设的中小学校或大学在多大程度上影响了那些正在接受教育的人的生活方式和思维方式？难道今天的学校架构，不能满足学习和记忆的认知和情感过程的真正需要，以符合人类大脑的代码和真实的人性，反而成为了攻击、不满和抑郁的助推器？生活在狭小的教室里，远离开阔的大地、蓝天、山峦、树木、绿地或干燥的灌木丛，是否已经改变了学习和记忆的基本规律？这些都是影响新的神经教

第十六章 在阳光下学习：学习的环境

育的概念产生的当前持续存在的问题。

长期以来，我们知道大城市居民患有焦虑、抑郁等心理疾病的比例较高，其中抑郁症和精神分裂症尤为突出。通过核磁共振成像研究，我们知道，这些人在大脑情绪区域有活跃度上升的反应，特别是杏仁核（不断识别恐惧、危险和疼痛的区域）以及扣带皮质（它有助于集中注意力，是所有情绪行为组织的一部分）。当一个人的个人空间被侵犯时，大脑中的这些区域以及许多其他区域会生成应对压力反应的级联模式。所有这些都已经潜移默化地根植于当今人类的大脑中。这在多大程度上不会影响家庭亲密关系和儿童的教育？所有这些难道不会形成一个围绕大脑形成的感知和情绪框架吗？毫无疑问，每一种感知都会产生微妙或难以言喻的情绪反应，好或坏，吸引或排斥，接近或逃避，不愉快或美好。这种对日常环境敏锐或连续的感知，也包括对建筑物、教室的墙壁、教室本身和学校的娱乐空间的感知。

▶ **教育脑科学**

因此，对于建筑师来说，在规划和建设学校或任何其他教学建筑物时，他们开始权衡考虑很多重要的因素，比如他们建造的建筑不仅应该在设计和建造中有精准的理性和计算，而且还应该具备极高的情感价值，同时这些建筑物对大脑学习和记忆的特定功能的影响也需要被考虑到。新的神经建筑学研究了前所未有的前景，可以打破枯燥的时间和空间，将它们重新转化为人性化的时间和空间，一种新的秩序和复杂性的空间，遵循并增强大脑产生的代码的表达和功能。通过这种方法，希望与环境建立新的对话，创造出让孩子们在学习、记忆和变化的过程中感到更舒适的建筑，从而锻炼和塑造大脑。因为在建筑师建造的空间里，尤其是在学校里，大脑确实在不断地被重塑。这正是美国建筑研究神经科学院的目标，将建筑师和神经科学家聚集在一起，希望可以在争论和头脑风暴中构思出新建筑方式。这将对神经教育产生巨大影响。

第十六章 在阳光下学习：学习的环境

这些新建筑，不仅仅在建筑设计方面考虑到非常基本和重要的建筑墙壁，还考虑到光线、温度和噪声对心理表现的影响，因为如果人们在所处环境中感觉不舒服，或者环境中有刺激物分散了他们的注意力，或者环境条件不足以让人们进行特定的心理活动，那么人们的心理状态就会受到影响。这对学校教育来说是至关重要的。但是控制光照水平、使用自然光、保持教室内的适当温度和湿度以及噪声水平可能非常复杂，并且对孩子产生的具体影响在很大程度上取决于每个孩子的适应能力。对于一些孩子来说，非常小的噪声令人昏昏欲睡，而对于另一些孩子来说，适当的光照强度也会使他们的阅读或写作变得困难。这在小学生课堂上更为关键（他们的大脑正处于突触快速生长的过程中），光源、窗户设计和气流可能都会对他们产生特别大的影响。如果更进一步考虑到学校环境，在灰色水泥墙的庭院还是在宽阔、绿色潮湿的空间里，孩子的教育和学习情况是不一样的。

▶ **教育脑科学**

　　我对今后50年这个近在眼前的未来充满兴趣。最近，对世界上大量摩天大楼和大城市建筑"向上建设"趋势的一些讨论和思考，与预测中人类将在大城市生活的趋势相吻合。联合国的研究已经预测，到2050年，可能在世界上9亿多的人口中，将有60%以上的人生活在城市，也就是说，在未来30年内，每三个出生的人中就有两个生活在城市。正因如此，许多建筑师，基于城市的可持续性发展、社会沟通、交通以及安全、卫生、水、食品和能源等方面的问题，认为未来这些大城市只能通过"向上"而不是"横向"建设摩天大楼。但是，如果在深入了解人类大脑的生理学及其神经网络机制的情况下，这一点依然合理吗？人类数百万年来一直在坚实的地面上生活和改造自然，观察、嗅闻和触摸自然环境中的一切，然后我们设计成让其三分之二的生命生活在空中、在云层上方和无限蓝色的视野中。这是否可能导致前所未有的新病理状况？儿童教育是否会违反数百万年来的学习

第十六章　在阳光下学习：学习的环境

规律？这些问题让我们开始怀疑，这个在许多方面很先进的西方文明是否误解了人类与影响着人类的成长和衰老、情感和思想、学习，甚至祖先的记忆与新宏观环境的关系。这些问题和疑虑促使许多建筑师重新思考他们的工作，并考虑协助神经科学家探索人类大脑的新层面。

第十七章 保持高效率学习和记忆的节奏：心理表现

心理表现是指能够高效地保持学习和记忆的节奏。这一过程较为复杂，依赖于多种认知过程，尤其是持续集中注意力的能力。注意力的集中和维持依赖于是否有良好和充足的夜间睡眠，对学生来说也取决于这个科目或任务是否有趣或具有挑战性，他以前受过的训练、年龄以及教师教学沟通的能力。在提高这种能力方面，强调教师应该考虑的因素是很重要的。其中包括控制花在课堂或家庭作业上的时间，以使学生保持注意力集中；每10分钟用幽默故事或照片图画投影等方法中断课堂让学生进行"大脑休息"，打破上课的单调性并帮助学生保持专注；昼夜节律（清晨或中午、午间小睡等）、个体差异、课堂环境、课堂注意力的分散性，以及一天中与血糖水平变化相关的时间。

任何机构或教学中心都要求学生能够遵守一定的纪律。换句话说，学生们被期望能够以有效的方式跟上节奏，表现出色。因此，学生不仅要有正确学习和记忆的能力，还需要在学习和记忆的过程中保持高效率，并能够在一定时间内持续、高效地学习。这就是心理表现。这一点不仅针对中小学校、大学阶段的学习，而且对毕业后的社会和职业生活的任何方面都是至关重要的。今天我们开始了解构成心理表现的大脑认知基础。显然，在阅读、写作或数学方面有一定困难的儿童或成年人的心理表现会较低。心理表现至少需要三个认知过程来支持，它们可能是大脑基础：即注意力、工作记

第十七章 保持高效率学习和记忆的节奏：心理表现

忆和执行功能。这三个参数中任何一个参数的变化都会对心理表现产生影响。在本书的不同章节中，我们单独讨论了这些认知过程的相关内容，但考虑到它们的重要性，我们现在另起一章简要总结这些认知过程。

说到注意力，缺乏注意力我们将很难认识周围的任何事物，也很难在任何工作中学习和记忆，无论这项工作是否涉及纯粹的智力。我们首先需要的是基本的注意力，这要求我们保持警觉、清醒和敏锐，正如我们在第八章中提到的，它能够帮助我们应对来自自然或社会环境的事件或情况。这种注意力决定了我们处理信息的能力和速度。睡个好觉对于保持这种注意力是至关重要的。特别是对于孩子来说，需要考虑其昼夜节律的影响（云雀或猫头鹰），因为拥有猫头鹰昼夜节律的孩子可能早上无法完全清醒，在学校会表现不佳。很明显，就心理表现而言，这些考虑因素适用于任何人，无论是儿童、青少年、成年人还是老年人。同样重要且需要考虑的是"午后小睡"的这一生物节律的时段，它与我们正在考虑的心理表现，尤其是儿童的心理表现密切相关。这是一个昼夜节律下的生物周期，平均发生在中午十二点至下午两三点，是一个生理上较低的心理表现期。在这种基本的注意力情况下，大脑的其他注意力也会受到影响，特别是执行注意力，在学习或跟随老师在课堂上的推理时，这种注意力尤为重要。注意力也指另一个概念，即"注意力时间"，即能够在一定时间内跟随学习或课堂相关的思路，这种能力可能会被某些干扰打断（老师或同学在课堂上开的玩笑或在学习中回答一些非常具体的问题）。

工作记忆是影响心理表现的第二个认知成分，它同样受到多种因素的影响，其中最重要的是我们之前在第十四章提到的昼夜节律和睡眠。工作记忆是指在有限的时间内存储、唤起和使用特定信息的能力。它是支撑推理或论证的记忆，表现的如能够在脑海中保存一个电话号码几秒钟，一旦注意

第十七章 保持高效率学习和记忆的节奏：心理表现

力转移，记忆就会消失。它由两个主要成分组成：语音成分和视觉空间成分。语音成分指的是对言语信息的理解能力，即听和理解课堂上说的话，或理解某人在书中读到的内容；而视觉空间成分更多地是指对图像和序列（绘画）的记忆，或者空间和数学方面的记忆。之所以把这两个成分分开描述，是因为大脑把它们分离在不同的神经回路中。语音记忆主要分布在左半球的颞叶区，而视觉空间记忆主要依赖于右半球的枕叶区。如上所述，工作记忆的两个组成部分的良好运作在很大程度上取决于昼夜节律和睡眠的影响。

最后，执行功能涉及更复杂的认知过程，包括主动性、对所有行为的规划和控制、决策、抑制许多反应，以及在与他人的关系中的控制或自我控制。如第十一章所述，复杂的社交功能的主要大脑基底位于前额叶皮质的神经回路中。而且，它们也高度依赖于刚才的两种功能：注意力和工作记忆，因此执行功能也会受到昼夜节律和睡眠的影响。

▶ **教育脑科学**

心理表现与其他和环境有关的因素有关系。这些因素涉及教学环境，包括噪声、温度、光照以及教师和其他孩子的行为。教师对超出正常生理注意力时间的持续不断的注意力的需求；不受控制的长时间学习的要求；还有一些平常琐碎、易被忽略的因素，如学生的营养状况，尤其是血糖水平，都会对心理表现产生影响。

最后，我认为有必要提取一些重要的因素，用来改善、增强或至少不会影响或削弱在校学生的心理表现：

（1）控制分配的特定任务的完成时间，无论是理论课或复习课、写作业、手工作业、实践课还是任何其他执行任务。

（2）考虑昼夜节律的个体差异。

（3）选择一天中最好的时间（通常对所有孩子都一样）来执行最复杂的任务（上午后半段或下午后半段）。

（4）优化光线、噪声、温度和一切可能分散注意力的因素。

第十七章 保持高效率学习和记忆的节奏：心理表现

（5）确保孩子睡眠充足或血糖正常。建议他们在上学前睡个好觉，吃好早餐，或者在上午下课时补充一些营养。此外，我们还建议孩子们在中午休息或小睡片刻。

第十八章　迎接新事物：互联网

互联网的出现引发了世界的显著变革。它不仅改变了人们的沟通速度，还重塑了人际关系。这是由于主导社会关系的模式发生了变化。人类交流以高速进行：快速成长、快速获得回报、快速问答、快速获得个人知名度、快速赚钱和快速获得乐趣等，所有一切都需要快速完成，以便让人们能够在有限的时间内完成更多的事情。这导致花在每件事上的时间都减少了，包括用于维护人际关系上的时间。为什么人类陷入了这种"更新"我们周围的一切的"疯狂"状态？这一

▶ **教育脑科学**

切难道不是导致我们缺乏面对面的人际关系，使我们无法发展同理心，无法学习和了解"真实的"而不是"数字的"他人的原因吗？推特（Twitter）和脸书（Facebook）的成功在于它们弥补了对真实的个人关爱的缺乏，从而导致了我们需要的"网络"生命的构建。互联网是否违反了我们大脑数百万年来建立的健康准则？这一切是否会影响教学和教育？

互联网是一场文化革命。这场革命极大地便利了许多人的学习、记忆和获得新知识的过程。事实上，现在无论是从互联网书籍的下载量还是直接通过互联网阅读、娱乐和学习的体量，在世界范围内部呈上升趋势。最近的一项统计数据显示，已经有50%的美国儿童进行电子阅读或学习，这一数字较2010年的25%有了显著增长。在这方面，世界上最著名的国际教育和研究机构已经开始向全球提供各种教学方案。美国麻省理工大学的开放课程，自2002年以来，该课程赢得了国际掌声和认可。这门课程是免费的网上课程，提供从理

第十八章　迎接新事物：互联网

论课到实践模拟的各种素材。

许多人认为，互联网很可能是向全世界传播有关神经教育新知识的关键和最有用的工具。据说，如果使用得当，互联网不仅可以增强和扩展成人教育，也可以应用于儿童和青少年教育。我要补充的一点是，"适当地利用"的概念，是以保持与本书其他地方（第十一章）所提出的关于学校（作为一个机构）及其好处的观点一致，即学校在任何情况下都不应被学校以外的课程或项目取代，也不应该被由家长或是家庭教师进行的私人教学来取代。我们已经指出，在孩子成长的早期阶段，学校教育本身就是孩子认知和社交大脑构建的重要途径。然而，互联网这个现实工具，作为对教育的补充，可以发挥最大的效用。未来几年里人们将进一步加强这一工作，希望能开发出不仅包括语音识别，还包括听觉、视觉和感觉刺激（运动），甚至嗅觉刺激的应用程序，用于模拟虚拟感官现实的特定实验。这些新项目在扩展影响学习过程的实际可能性方面具有巨大潜力。

然而,如果使用不当,互联网可能会成为一种带来一定风险的工具。人们对这个问题感到担忧,尤其是在西方社会。许多父母开始意识到(要真正意识到),无论是学步儿童还是青少年,孩子们在电脑屏幕前浏览信息、通过脸书或推特联系朋友,或者只是从网络下载游戏的时间相当长,每天3~7个小时不等。同样,大学生在家里或课堂上,也通过浏览互联网来解决疑问或了解概念,以便稍后与老师讨论。即便我们和同事在同一个办公室一起办公,我们也开始通过互联网进行交流。关键问题是:这一切对大脑是有益还是有害?在知名国际论坛上,有声音指出这些新技术会对儿童的大脑造成损害,因为上网确实需要一个非常敏捷且不断变化的注意力焦点,而这可能不利于用于学习的持续的执行注意力的发展。实际上已经开始出现的一些迹象表明,过多地使用互联网可能导致成瘾、焦虑、注意力下降、记忆力减退以

第十八章 迎接新事物：互联网

及睡眠模式的改变。此外，接触互联网上某些不适宜的内容和互联网监管机制的缺乏可能对年轻人的情感和心理健康产生负面影响。事实上，已经出现了一种由互联网产生的新的注意力形式，这不容忽视。因为我们已经了解了各种类型的注意力及其特定的神经回路，过度训练一个类型可能会损害其他类型的功能，从而影响学习和记忆过程。此外，有人认为这些"互联网注意力"可能会减少用于真正有深度的创造性思考的时间。一项研究结果表明，每天看几个小时电视的幼儿，一段时间后在学校表现出了注意力问题。

从消极的方面来看，学校中患有注意力缺陷和多动障碍的儿童数量的增加有关，而且它还损害了儿童的基本情感和个人行为，如共情能力。从心理学的角度来看，过度使用互联网成为网络成瘾综合征的根源，中国已有2500多万儿童被诊断出患有这种疾病，并随之发展出类似成瘾的反社会行为。关于社交网络对儿童和青少年认知方面的影响和可能采

取的行动的研究发现综合如下:

(1)减少共情他人情感的能力,即同情心降低。

(2)虚拟他人的虚假现实,将另一个人构建成虚拟的、非真实的,因为他们只是基于社交网络提供的参数构建而成的。这些人没有"人性",是一个对自己的反映、一个在平板或电脑屏幕上有所偏见(没有真正的视觉、听觉、嗅觉或触觉)的"制造品"。

(3)干扰发展良好的执行注意力,从而降低执行能力。

(4)降低自我控制能力,包括行为和语言(情绪、攻击性等)。

(5)刺激性的增加,表现为言语、情绪或身体攻击,或运动过度。

(6)决策能力下降,干扰和削弱做出明智和准确的决策的能力。

(7)休息时间被打乱。一切都必须迅速构思,迅速执行。

第十八章 迎接新事物：互联网

（8）已经提到了的可能的网络成瘾。

（9）经过一段时间使用互联网，大脑区域发生了变化，如前扣带皮质（情绪、认知、意图和行动信息的会聚）、腹内侧前额叶皮质（具有与价值观和规范的确立相关的中枢和分布网络）和下额叶皮质，其包含具有与抑制和冲动控制功能相关的分布"节点"的回路。

与此相反，还有其他声音持相反的观点，声称互联网不会造成任何伤害，甚至可能有利于大脑适应新时代。也有人说，世界在变化，任何不随之改变的人都会跟不上时代，这就是病态的开始。大脑的可塑性和它通过改变神经连接对新刺激的巨大灵活性和强适应能力是事实。互联网也不例外。如今，互联网是一种强大的学习工具，每个人在所生活的社会和文化中都会受到它的影响。这就是学习和记忆，从本质上说大脑的线路和结构被改变了。那么，为什么互联网所带来的变化一定是负面的呢？

▶ **教育脑科学**

通过对少数已经有过上网经验的中老年人进行的核磁共振脑部研究来看，浏览互联网会激活一些大脑区域。在上网时，前额叶皮质（决策、未来规划、心理活动和复杂推理）、扣带皮质（决策过程中的注意力和感知、情绪的融合）、海马（学习和记忆）以及边缘脑的其他一些区域，例如伏隔核（情绪、愉悦和奖励），都活动频繁。目前尚不清楚这种持续的大脑活动是否会产生永久性的变化，从而对个人的社会行为产生影响；这些影响是否会对这些大脑区域编码的功能产生积极的增强作用还是产生长期消极效应。刚刚提到的这些大脑区域以及其他区域，在网络成瘾的青少年大脑中已经发生了变化，例如灰质[①]体积的减少（可能是神经元接触突触减少）或髓鞘形成异常，以及编码其特定功能的神经回路的相应变化。

---

①灰质：一种神经组织，是中枢神经系统的重要组成部分，由大量的神经元胞体及其树突聚集在一起形成。

第十八章 迎接新事物：互联网

刚才所提到的这些发现是否表明那些没有上瘾、但每天长时间使用互联网人士的大脑今后会发生永久性的变化？随着大脑的这些变化，互联网是否会像某些论坛预测的那样，引发一场认知革命？互联网及其对知识的几乎即时的访问，是否会导制大脑重组，引导我们找到一种新的学习方式，管理我们的记忆、思想和情绪？是否会出现一个由互联网的虚拟世界产生的新社会？

第十九章　异常评估：从焦虑、阅读和计算障碍到自闭症和轻微脑损伤

根据一些研究，学校里有23%的儿童存在一些问题，使他们很难跟上正常的课堂学习。神经教育旨在成为学校的先锋，能够尽早发现这些孩子，无论他们是否存在阅读障碍、计算障碍、自闭症或多动症、注意力分散、焦虑或恐惧症、情绪障碍或轻微脑损伤，甚至是那些在适应同龄人节奏的孩子。注意缺陷多动障碍（简称ADHD）等功能障碍，如果尽早发现，可以通过非药物治疗进行心理和行为干预。这些早

▶ **教育脑科学**

期干预措施的范围正逐渐扩展到其他不同的综合征。例如，常见的阅读障碍，即严重阅读问题，主要是指他们无法从语音（字形到音素）上解读单词。对于这些儿童，经过数周在计算机屏幕上向他们显示一系列成对的单词，并要求他们回答这些单词是否押韵的干预措施是非常有效的，其效果不仅显示为孩子阅读理解能力的提高，还显示了他们的大脑向正常模式改变。这就是早期干预的方式，利用儿童大脑的巨大可塑性潜力，很大程度上解决了这些问题。

最近的研究表明，即使有新教学技术的帮助，面对面课堂教学和个别辅导也是最有效的教学方法。通过这种面对面的方式，老师能够发现或感受到孩子学习和记忆能力不足的综合征、脑损伤或疾病。然后，就可以在一些过程中进行早期治疗或矫正。我们已经开始使用客观指标评估儿童教育，

第十九章　异常评估：从焦虑、阅读和计算障碍到自闭症和轻微脑损伤

从而发现教育进步中的问题。例如，诱发反应①，可以在某些测试的执行过程中获得，可以反映注意力过程和面对冲动行为的控制或抑制能力，以及阅读和数学能力的进步。除此之外，我们还有成像技术，可以帮助定位大脑中这些问题的物理或功能基底的区域，从而帮助控制可能的治疗效果。这些在任何年龄段的儿童身上都是可行的。如果12～13岁的儿童（即使在这么晚的年龄）在代数方面遇到特殊困难，可能反映了其大脑某些区域发生异常活动，而没有这些问题的儿童显然不会发生这种情况。因此，成像技术已经开始开发可以改善他们的表现行为的干预方案。这些技术和研究的实用价值和客观价值，在于评估儿童在教育方面的进展，以及了解和帮助那些在这一进展中遇到某些困难的孩子。我刚才提到的价值是很明显的，人们越来越清楚早期行为治疗在许多

---

①即通过视觉、听觉或触觉刺激脑部皮质的相应部位，引起该皮质的局灶性电活动。

过程中的重要性（通常是决定性的）。

在学校里，老师通常是第一个发现多种不同症状、障碍和疾病的人，即使这些有症状、障碍或疾病的孩子的表现和行为并没有特别异常，也会干扰或阻碍正常的学习过程。例如，儿童情绪世界的焦虑、反应性抑郁表现，或更具体的ADHD，阅读障碍、计算障碍、自闭症或特定的脑损伤等问题。人们已经认识到了，作为认知过程的基础和组成部分的情绪的作用，在教学和学习中，这些情感成分是至关重要的。儿童的这种情绪成分特别微妙。杏仁核及其所包括的神经回路，与边缘系统不同区域的不同回路连接，在检测具有社会意义的信号方面发挥着重要作用，尤其是通过对人脸及其恐惧、厌恶或担忧的表情的感知。在日常生活中，老师和其他孩子的面部表情对孩子大脑的影响在教育中占重要地位，尤其是那些正在经历社会关系问题的儿童，比如那些患

第十九章　异常评估：从焦虑、阅读和计算障碍到自闭症和轻微脑损伤

有阿斯伯格综合征①的儿童。研究发现，这些儿童杏仁核的体积比没有这种病症儿童的杏仁核的体积大。另一种情况是，遭受过身体虐待、在缺乏爱的养育下，或者对家庭中的压力情况有过度反应的孩子，可能导制发展成为焦虑或抑郁综合征，这些都会干扰正常的学习过程。一般来说，这些孩子不能很好地理解他人的情绪反应，错误地将某种情绪理解成愤怒或攻击，因此感到恐惧，这会阻碍他们的学习进程。这些孩子中的许多人似乎无意识地将部分注意力集中在对人脸和可能的威胁表情的情绪解读上，这转移了他们的注意力，影响了他们的学习。特别是在对因大脑创伤和心理创伤发展出焦虑综合征的儿童进行的神经影像学研究中发现，这些儿童的眶额皮质和杏仁核之间的连接存在问题。庆幸的是，这些困难是可以通过早期行为治疗得到缓解和解决的。

---

①阿斯伯格综合征（Asperger syndrome，简称AS），是广泛性发育障碍（PDD）中的一种综合征，属于自闭症谱系障碍（ASD）。

▶ **教育脑科学**

总的来说，儿童由于对所教内容缺乏关注所遭受的问题，是所有从事教育和教学工作的人最关心的问题。正如我们在整本书中已经多次说过的那样，注意力可能是大脑的门户，当它打开时，大脑回路会被激活进而启动意识过程，让人能够了解事物，从而学习、记忆和获得知识。因此，它的缺陷和病症具有突出的影响。这一章不仅对在校儿童、青少年或大学生具有重要的意义，对社会、日常社交活动中的人们也是同样的。关于后者，分享最近的一项社会学研究，尽管它与本章节的核心内容有些脱节，但这个案例仍具有重要意义。该研究涉及人们对他人面孔识别的注意力。我们能够有意识地通过识别对方的面孔，判断他们是否是我们的同学、工作伙伴、家人，或者是陌生人。但这种在全世界都很普遍的面孔识别能力，在一些人身上可能会出现障碍，这就是所谓的"脸盲"，一种被称为"失认症"的病理。我们曾认为这种病理在普通人群中非常罕见，但事实证明，约有

第十九章 异常评估：从焦虑、阅读和计算障碍到自闭症和轻微脑损伤

2.5%的德国人受到这种病的影响。有这种严重认知缺陷的人在社交或工作中会被忽视，很少有人注意到他们的困境。这是因为那些患有这种疾病的人会试图隐藏它，以免导致工作或社会关系上的负面影响。这些人是如何转移他人的注意力，使人们无法察觉自己存在这种缺陷的？他们会通过发展其他补偿性认知能力来弥补自己的不足。视觉人脸识别只是识别一个人的整体任务中的一个子任务。在一定程度上，失认症造成的损害可以通过其他功能、其他认知途径来补偿，如通过语音识别或身体或头部的某些特征，例如头发的颜色、耳朵的形状、典型的穿衣方式，或者走路方式、手势和举止。事实上，认知任务是由许多任务汇合组成的，这些任务的汇合反过来又产生主要的认知任务，用其中的一些替代其他的可以帮助完成主要任务。

让我们回到孩子及其在学校教育中注意力不集中的问题上。例如，有些具备正常能力的孩子只能有限地关注教师所

▶ **教育脑科学**

教的内容，而在与同龄人和老师与自己交往的其他情况下又表现正常，所以老师可能会忽略他们的问题。这些情况下，他们的学业成绩会下降，并且很难诊断其原因。还有一系列更严重、更大程度影响注意力的障碍，它们更容易被教师发现。这一类是ADHD，是一种典型的疾病（症状变化很大，作为一种疾病学实体令人困惑，因为它与许多其他综合征密切相关），它可以与运动障碍一起出现，并降低学生评估学校教授的基本信号的能力（符合教师标准的正确行为）。这些孩子会或多或少地不断将注意力转移到环境中突出的刺激上，无论是外来噪声、同伴正在做的事情还是其他孩子的手势，从而减少正确学习和记忆所需的执行注意力。这些孩子中的一些人在行为中也表现出一定的冲动或异常反应。现在已经有研究人员开始寻找可以改善他们行为的非药物治疗的方法。

其中一些行为治疗是通过电脑游戏进行的，这些游戏会

第十九章 异常评估：从焦虑、阅读和计算障碍到自闭症和轻微脑损伤

引起他们的兴趣和好奇心，持续地保持注意力集中。这些游戏很多都很简单。例如，让孩子用操纵杆跟随电脑屏幕上出现的猫的动作。在电脑屏幕上，除了猫，你还可以看到一只鸭子在游泳穿过一个小湖。孩子操作并移动猫，不让它靠近鸭子，而且指出鸭子应该到达的湖的另一边的地方，并最终在那里捕捉鸭子。还有一个更复杂的游戏，要求孩子说出在计算机上显示的一行数字中（大符号和小符号）代表最大数量的两个数字，这些数字用最小尺寸显示（孩子必须集中注意力，指出用较小的字体表示的较大的数字）。还有其他游戏，比如给孩子看一排猫、鱼或螃蟹，让他指出队伍中不同于其他动物视线方向的动物。这不仅检测了孩子在判断不同方向所需的时间，也表明了孩子的成功或错误率。这些游戏和训练有助于提高孩子的注意力。一项对患有多动症的4～6岁儿童进行的研究表明，这种类型的行为治疗，每天重复几次，仅持续五天就可以改善孩子的执行注意力，表现为能够

▶ **教育脑科学**

区分存在于书籍或电脑文本中的错误,但不能改善他们在课堂上的注意力不集中和多动行为。专家们认为,可能需要设计新的、更有希望的测试和应用时间(培训时间)来治疗儿童发育中的这些问题。

还有许多其他智力正常的孩子,也有在学校里学习的机会,但他们在阅读方面却遇到了困难,他们是患有阅读障碍的孩子。阅读障碍也会影响写作,这两种困难显然会影响他们的认知表现。对这些患有阅读障碍的儿童进行的心理评估和神经影像学研究表明,他们的学习中阅读困难的关键障碍在于对语言过程中快速持续出现的听觉信号(朗读或大声说出的单词)的处理能力不足。阅读障碍在一定程度上是由于语音神经回路的改变导致的。在刚开始学习文化知识的正常儿童中,当他们听到单词时,左右大脑半球的听觉区域(颞横回)同时被激活。但随着儿童识字率的提高,左脑区域的活动增强,而右脑区域中同一区域的活动减少。随着时间的

第十九章　异常评估：从焦虑、阅读和计算障碍到自闭症和轻微脑损伤

推移，左脑区域的活动增加到最大值，而右脑区域的左侧只有最小值。然而，在患有阅读障碍的儿童中，大脑活动与刚才描述的这种模式是不同的。在识字发展过程中，他们的右颞顶叶区域在阅读过程中继续被激活（而正常儿童的这种激活已经停止了）。而且，这些患有阅读障碍的儿童左脑这一区域的活动相对较少。通过目前的治疗，通常是通过计算机程序朗读的单词，并且在听到这些单词后正确地解读它们，还要把它们记录下来（双轨计算模型），这能够让这类孩子恢复到同龄人的能力水平，大脑活动恢复到正常模式，左脑的选择性活动增加。对（普通）阅读障碍儿童的另一种早期治疗，是在电脑屏幕上向他们展示一系列虚假单词序列（具有辅音-元音结构但没有意义的单词）及其对应的发音，目的是将干预重点放在"字形-音位"关系上（单词结构和发音）。在电脑展示这些单词及其对应的发音后，孩子被要求指出它们是否押韵（意图强调对声音、发音和重音的感

知）。经过几周的日常训练后，我们发现不仅孩子的阅读理解能力显著提高，而且右半球和左半球之间因阅读障碍过程而扭曲的正常神经模式也得到了恢复。

我刚才提到的这些模型不仅有助于认知神经科学家理解导致阅读障碍的神经回路的改变，而且有助于确定哪些神经回路是学习阅读正常生理过程的大脑基质。

计算障碍是另一种阻碍学习数学和计算能力的综合征。它和阅读障碍一样，在儿童身上相对容易被发现。至少有3%至6%的儿童患有轻度计算障碍，这一比例相当高。然而，计算障碍比阅读障碍受到的关注要少得多。在这种综合征中，孩子们会混淆数字（计数）和数字符号（数量的符号），很难进行基本的心算，比如加减两个简单的数字。对这些孩子来说，这些数字似乎没有任何意义，他们不擅长区分大数字（例如10）和小数字（2），有些孩子甚至完全无法区分。计算障碍是一种严重影响学习数学方面的障碍，但它不会影

第十九章 异常评估：从焦虑、阅读和计算障碍到自闭症和轻微脑损伤

响一般记忆或学习数字以外的任何东西，不会影响与老师或其他孩子的关系。然而，它可以与发育过程中出现的其他疾病同时存在，如阅读障碍或多动症。尽管它是一种遗传性很高的综合征，但很容易通过行为治疗得到改善。但即使经过高度选择性的治疗来改善这种缺陷，几乎所有已经成年的患者身上仍然存在这种功能障碍的痕迹，即使他们在其他智力方面也发展出了高认知能力。

如前几章所述，计算和数学的能力似乎存在于分布在大脑皮质区域的如顶叶、额叶和扣带皮层的神经回路中，特别是两个大脑半球顶内沟的水平段。顶内沟的功能似乎对理解数字的象征意义至关重要。至少对儿童使用功能性磁共振成像记录时发现，当要求他们估计大和小数量之间的差异时，如2是大于还是小于10，这是唯一被明确激活的区域。当将磁刺激施加到成年个体大脑的这一区域时，会导致该个体功能紊乱，在刺激的持续时间内读取数字和理解数量的能力受

到影响，而将这种刺激施加到大脑的许多其他区域时则不会发生这种情况。实际上，几乎所有涉及数字和计数相关的大脑过程都涉及顶内沟的活动，尽管大脑皮质的其他区域也发挥了作用。有一个区域，即前额叶区域，该区域似乎更多地参与了精确计算的解决。这在有特定病变的患者身上已经得到很好的证明。因此，如果左侧额叶皮质的大脑损伤导致失语，无法造句或使用单词，无法推断2+2等于3还是4，就清楚地表明他们在得出确切总和结果的能力上存在缺陷。然而，当这些患者被问及这个求和的结果是接近3还是9时，他们清楚而一致地回答了3。以左侧额叶皮质为主的病变患者保持了相对的求和能力和基于语言的其他算术能力，例如加法，但他们无法感知数字量（例如，无法决定一系列中哪个数字在2~4，或者9更接近10还是5）。人们认为，正是这两种类型的神经网络（顶叶皮质和额叶皮质）之间的互动，形成了数学技能背后的细微认知差别，这些细微差别因

第十九章 异常评估：从焦虑、阅读和计算障碍到自闭症和轻微脑损伤

人而异。毫无疑问，对这些网络的更多了解将有助于开发学校数学教学的方法，而且教师都应该掌握这些知识，助力培养学生最真实的数学才能。对于患有计算障碍的儿童是否有正常的顶叶发育，人们有很多猜测。最近的一项研究表明，在其中一些儿童中，该区域的神经元呈现出异常的树突模式。

另一方面，自闭症儿童的学习普遍存在巨大困难，因为他们在与他人的关系中表现出行为障碍。这些儿童的大脑功能发生了变化，尤其是内侧前额叶皮质、杏仁核和颞上皮质等区域的活动，这些区域存在异常的突触连接。这是一种复杂多样的综合征，具有高度的个体特征。两个患有自闭症的儿童，甚至被标记为强相似的儿童，在症状和发展方面也是不同的。自闭症实际上是一个可能包含不同病症的疾病，就像精神分裂症等其他疾病。这种多样性不仅涉及症状，还涉及大脑和基因。自闭症患者的遗传学是非常异质的，这证实

了我刚才所说的大脑变化及其在这些儿童行为中的表现。

自闭症儿童在理解他人意图或情绪状态的能力方面存在问题，因为他们的核心症状是缺乏与其他儿童和老师的移情关系。自闭症儿童在早期的模仿学习和与成年人共享关注方面存在问题，如在第三章中已经描述的内容。有趣的是，正是由于这种情感缺陷，患有自闭症的幼儿更喜欢听不同类型的声音，而不是那些接近语言的声音，甚至是母亲的话语。评估这些偏好水平的测试已经能预测自闭症临床症状的严重程度。与上述阅读障碍或计算障碍的情况一样，许多自闭症病例可以通过早期进行适当的行为训练得到改善。

我们不能忽视因分娩或在幼年时受到的脑损伤而在学习能力上有困难的儿童。神经病学的范围极度广泛。为了结束这一章，我将只提到一组具有特殊相关性的儿童，因为他们经常被忽视，而且人们将其表现行为与其他行为缺陷混淆。这是一群大脑最前部——前额叶皮质受损的儿童，这些孩子

第十九章　异常评估：从焦虑、阅读和计算障碍到自闭症和轻微脑损伤

在成长过程中能够像其他同学一样正常地学习和推理、解决问题或获得知识。然而，在他们的性格特征中有一些反社会倾向，即不遵守与同学甚至老师或家庭内部的关系的规则。他们可能被认为是叛逆的孩子，但很容易在他们身上发现某种心理僵化，即尽管他们被清楚地告知什么是对错，他们也很难学会改变或纠正自己的行为。在许多情况下，他们还会表现出攻击性行为。在这些病例以及阅读障碍、计算障碍或自闭症病例方面经验丰富的教师，可以将这种情况告知家长以引起特别关注，以便对孩子进行适当的医疗或心理干预。

第二十章 为更出色的新一代：升华高等教育

西方世界有一场伟大的运动，推动了对伟大教授和大师的认可。这种承认不仅是对于他们在课堂上教授知识，还是对于他们能够培养新一代成为出色的人的能力。由此人们产生对高校良好教学和教育的最高价值的认可。一个好的教师不仅要有强大、扎实、批判性的科学或人文研究方面的才能，在教学时传达知识，还要能够了解和情感化地表达他或她所知道的事物，这是远远超出教科书的范围。在大学里，这些教授被称为优秀的教师，是因为他们能在所教的科目之外带来更多"光芒",能够把枯燥无味的内容变成有趣的东西。这正是我们今天比以往任何时候都更需要的,尤其是大学,我们正在寻找能够传递和唤醒好奇心的人。这种好奇心能推动人们通过研究创造知识,这是大学活动不变的核心基础。大学,作为知识的"单位",是一个可以窥见即将到来的文化变革的重要机构,其学术的核心始终在于人类的价值,教师的教学仍然至关重要。没有人作为核心,就没有教学或研究,没有新思想的创造,没有真正的知识传递。

对于那些有机会进入大学的人来说,大学是人的大脑继续以关键和决定性的方式形成和转化的时期。在大学里学生们几乎以明确的方式制订他们未来职业和个人生活的计划。在大学里,就像在这之前的中小学校一样,教师是这种转变的轴心。

聪明的孩子或青少年在大学里最终茁壮成长,普通的孩子后来慢慢地开始在大学里"发光",还有其他孩子以透明的方式经历了从中小学校到大学的漫长学习过程。在这三个

第二十章 为更出色的新一代：升华高等教育

群体中，许多人只是通过上大学来获得一个职业，大学没有给他们留下特别的影响或个性、智力、情感和人类成熟度上的重大变化。当然，大学对他们来说是重要的一步，是分享友谊、经验、成熟、喜悦和悲伤的一个阶段，但这只是他们生活中一个关键部分。然而，对一些人来说，大学意味着一种特殊而深刻的经历，一次新的、刻骨铭心的、改变未来方向的决定性经历。他们说大学改变了他们的生活，一些杰出的大学教授给他们带来了深远的影响。教授们所教的特定科目、教学的方式以及与学生建立的情感互动有助于实现这一点。这些教师不仅因为他们对所教内容的深入了解，而且因为他们在课堂上富有同情心和情感交流而脱颖而出。除此之外，这些教师在课堂上表现出的深度思考，这些思考和想法有时或多次超越了所授主题和教学本身。这些想法改变了学生的思想和看待世界的方式，对他们的生活和未来产生了重大的影响。

▶ **教育脑科学**

优秀的教师是推动许多学生重新定位或彻底改变职业或个人未来的智力指引。有学生这样评价这些教师：他们的课照亮了我的未来；他能把无聊的内容变得有趣；在他的课之后，我总是想了解更多关于这个主题的知识；他是一个深得人心的教师；在上这门课之前，我确实没有太高的期望，对我的专业方向已经很确定，但现在不是了，我改变了很多。一般来说，这些教师的学生考试成绩一直都很好，当然这也不是一个优秀教师所独有的，一个普通甚至糟糕的教师的学生也可能取得好的、甚至优异的考试成绩，因为这在很大程度上也取决于学生的学习动力和能力。但重要的是，在一群性格、动机和天赋多样的学生中，这些优秀的教师始终如一地帮助学生获得了优异的成绩和优越的表现。

有研究试图找出一些可以定义这些杰出教师的特征。这并不容易，但总的来说，一些因素是可以考虑的：这些教师违反规则，不遵守教学中普遍确立的规范，以至于他们有时

第二十章 为更出色的新一代：升华高等教育

甚至会受到那些纯粹教学主义者的严厉批评。这些优秀的教师在课堂上讲授人文、科学、法律或医学科目时，还会谈论一些社会、政治或个人事件，当然这些是学生感兴趣和关注的话题，可能对学生的个人和情感发展产生影响。例如，许多人提到在他们的专业和大学教学中的批判性思维和创造力价值，或者道德、价值观、规范及其意义。有时在课堂上，这些思考会持续两三分钟，这些时段在时间上是随机的，可能会在课堂的任何时间段。这些思考让学生在他们所学科目上获得一定的收获。

在一次教师会议上，大家就一位优秀教师的所有这些因素进行了评论，其中"沟通"这一要素尤为突出。一个和人沟通得很好的人归根到底是一个有某种演技天赋的人，他们与听众建立联系，引起观众的好奇心并吸引他们的注意力。这可能是一种与生俱来的情感特质。在这方面的一些实验证实了这一点。40多年前，有教师聘请了一位演员，让他在课堂上用像他在剧院里那样，以高度的情感基调、娱乐性、充满热情和接近观众的方式上课，其涉及的学术内容有一些难以理解的概念。课堂参与者被要求按照一定的评分标准对这堂课进行评分，结果评价非常好。这清楚地表明，情感的沟通与传授的知识本身一样重要。这一事实应该不会令任何人感到惊讶。有经验的人都知道，即使一节课、一次演讲或一次讲座具有高度的信息价值，如果呈现得沉闷无味，缺乏语调和激情等情感因素，仍然无法吸引听众，不能打开我们在本书中谈到的注意力窗口。这让我想起了西塞罗所说的话：言辞的价值在于情感、教育和说服。

所有这些都告诉我们，一个在任何教学水平上的好教师，无论他拥有多少知识、培训经历和教学兴趣，都可能永远达不到我们所说的卓越水平。正如之前所指出的，优秀的教师都有一些内在固有的重要特质。人的情感就是其中之一。毫无疑问，这种与生俱来的情感是微妙的，在很大程度

第二十章 为更出色的新一代：升华高等教育

上受到家人、环境的影响，以及自主的训练，甚至是后来接受的教育所导致的。但似乎有些人天生就具有这种情感的核心。有一个实验能有助于理解刚才的观点。实验内容包括向学生展示他们以前从未见过或听过的教师上课的视频，并用问卷调查这些学生在不同的时间间隔内评估这些教师的教学质量和激励能力。在6个月前已经有其他学生使用过同样的评分标准对这些教师的教学给予评价。这项研究的目的是了解新学生在观看视频后需要多长时间以获得与之前评估这些教师的学生相似的评分。研究显示了令人惊讶的结果：新生们在观看视频几分钟后，就给出了与6个月前的学生们对同一位教师的相似的评分。这表明，一个学生从一开始就会接收到情感印记，可以非常准确地分辨出一个好教师或一个坏教师。所有这些都向我们证实，优秀的教师具有我们前面提到的情感成分，他们可以通过手势、措辞语调、话语结构等使所教授的内容条理化并容易理解，与学生建立共鸣。

▶ **教育脑科学**

经过许多研究,已经得出了关于这些优秀大学教师的一些特征的结论(贝恩,2007年),包括:

(1)杰出的教师对人类学习有直观的理解。他们强调,通过了解和准备一门学科,使该"枯燥"的学科内容变得有趣、具有吸引力。

(2)无一例外,杰出的教师对他们教授的科目了如指掌。

(3)他们会阅读(并在课堂上以某种方式在学生面前表达)自己科目领域外的内容,这使他们能够从不同的角度更好地解释所讨论的概念或研究内容。

(4)他们试图在课堂上经感性的方式牵动学生参与,有时通过讨论来消化课堂的一些复杂内容。

(5)他们总是关心学生的学习和考试成绩,希望学生很好地理解课堂上所解释的内容,即使这是一门非常具体的学科,也能对学生的生活和人格产生影响。

（6）他们让他们的学生看到，作为一名教师，他们成功的一部分在于自己学生的成功。

（7）他们让学生参与到教学中去，让学生对教学内容进行批判和评价，证明他们已经消化了所学的内容。

（8）在讲解一门课程时，优秀的教师会加入那些发现或促成所展示知识的人及其逸事作为必要的讲解材料。此外，如果该教师在这方面进行过研究，他将分享自己在这过程中的成功或失败，在探索知识的道路上的快乐和挫折，给到学生真实的印象，帮助学生理解所传授的东西。

（9）最后，优秀的教师是那些在自己教授领域进行过深入研究、深度了解内容的人，他们甚至会在课堂上打破常规，探讨生命的意义、文化的内涵，谈论在我们身边的所有关注点和事物，探讨待解的谜团，让学生从中汲取智慧和启示。

第二十一章　科学与人文学科：形成批判性和创造性思维

使用神奇、超自然、抽象的思维进行思考，而没有扎根于我们生活在其中、建构我们作为思维者的感性世界，这样是徒劳的。要建构一个更美好的、适合每个人的世界，批判性、分析性和创造性的思维是必要的。这是一个毋庸置疑的现实。伊曼努尔·康德[①]（Immanuel Kant）说过："一个人

[①]伊曼努尔·康德：启蒙时代著名普鲁士王国哲学家，启蒙运动时期的最后一位主要哲学家，德国古典哲学创始人。康德被认为是继苏格拉底、柏拉图和亚里士多德之后，西方最具影响力的思想家之一，其学说深深影响近代西方。

▶ 教育脑科学

仅仅基于对上帝是否存在的想法所获得的知识,与商人通过在自己的银行账户中加上一些零来改善自己的财富状况一样,是微不足道的。"为我们更好地生活的真理扫清道路的思维是批判性和分析性思维,通过它们,使用科学方法(观察、实验和假设),我们可以增加实践的知识。这样我们才能创新,改变我们所知道的旧知识,并获取新知识。但有时,这种思维方式总是把我们带到迷雾中,堵住了道路,阻止我们继续前进。这时候我们需要另一种思维:创造性思维。它将再次打开道路,照亮新的知识。它从未被定义,从未被知晓,从未被预先设想,从未被期望。

认知神经科学开始揭示人类思维的神经成分。它说明人的思想在大脑中产生的过程,抽象的概念连贯地构成了推理,最终得到知识。我们也开始了解区分批判性和分析性思维与更原始的思维(即魔法思维)的神经原因。批判性或分析性思维是指使用科学方法对观察到的事实进行反思的思维

第二十一章 科学与人文学科：形成批判性和创造性思维

方式。这种方法在严谨审视的基础上，能够建立假设，并在此基础上进行思想（哲学）或实验室（科学）实验以验证或否定这个假设。这种思维方式能够直接地（确切地、专注地和以遵循严格的数学或逻辑推理）解决问题，并排斥其对立性——神奇思维。

实际上，现在是变革的时代。文化变革即将到来，它设想了一种新的教育，通过这种教育我们可以建立一种强大的新的、批判性的和创造性的思维，消除自人类思维起源以来一直存在的另一种原始的思维迷雾，这种思维仍然存在于世界上，阻碍了真正的创造性思维蓬勃发展——魔法思维，不以严谨和批判态度对待因果关系的思维，是超自然现象的创造者和维护者，是对这个新世界前进的毫无用处的工具，因为它认为世界已经建立和完成，而人类只能对其进行发现和了解。因此，这是一个不能继续推进我们了解真实知识的虚假工具。相反，批判性思维（使用科学方法）意味着所有事

▶ **教育脑科学**

情都需要从头开始,以此构建和整理事物、概念和事件,并对其进行分类和创造新的知识。这是科学带来的质的飞跃。

但这并不是创造知识的唯一途径。还有一种途径在某种程度上与批判性和分析性思维互补,也就是所谓的创造性思维。这两种类型的思维方式使用不同的大脑路径彼此互补。在遇到问题、批判性和科学性的思维无法找到可行的方法时,创造性思维就会被启动。在这种不确定和沮丧的情况下,人们会把这个问题放在一边,开始关注和处理其他事情,这似乎意味着人们几乎完全忘记了自己尚未解决的问题。但实际上,如果这个问题非常重要的话,就会仍然在人们的脑海中受到无意识的关注。大脑在这种无意识的注意力下,在强烈的外部刺激或者在没有进一步麻烦的情况下自发地、突然产生一种清晰的震动,并在那一刻找到先前无法发现的解决方案。这就是著名的阿基米德和锡拉库萨国王希罗

第二十一章 科学与人文学科：形成批判性和创造性思维

的金冠[①]等其他伟大发明案例中的情况。问题的解决是以一种不可预测的方式进行的。创造力思维是一种复杂的现象，是一种包含许多因素的神经和心理构成，在神经科学的背景下仍然很难解释。但这无疑是一个在人文（哲学）和科学领域都具有不可估量价值的思想。

西方社会显然需要创造一个新的焦点，阐明、增强和研究批判性和创造性思维的形成和培养，即重新定位这种思维的教育和教学，以便通过关注真正未知的领域获得批判性知识，达成新的成就。这应该从学校开始，因为那里是一切知

[①]希罗的金冠：传说希罗国王曾请他这位聪明的亲属阿基米德去测定金匠刚制好的王冠，看看是否像工匠所说的那样是纯金的，还是掺有银子的混合物。国王事先严厉地告诫阿基米德在测定时不得毁坏王冠。阿基米德想了很多办法都失败了，茫然不知所措。有一天，当他泡在一满盆水里洗澡时，发现水溢了出来，同时感到身体的重量在水中也减轻了。忽然一个闪念让他联想到，溢出水量的体积等于他身体浸入水中的那部分体积。那么，如果他把王冠浸入水中，根据水面上升的情况，他就能说出王冠的体积。想到这里，他抑制不住自己喜悦的心情，猛然从浴盆中跃出，奔到叙拉古的大街上，径直向皇宫跑去，他边跑边喊："我知道了！我知道了！"

识真正开始的地方。在中小学校里打下坚实的基础，才能在大学中对其进行确立巩固。大学需要在教学和研究方面的改革。如今，许多大学仍然教授教科书中的罐装知识，把这些实验室中获得的事实置于白纸黑字中。这种教学开始受到批评，因为它与任何科学成就及其解释都应该带有批判性观点相矛盾。这不利于培养研究生（博士生）或那些想献身于大学教学的学生，因为缺乏对"任何真理"的批判性思考：假设每一个真理，无论是科学的还是哲学的，都是可以被质疑和驳斥的。

因此，大学教育必须改变，必须通过使用不同的教学方法，以革命性地改革改变对本科生的教学。正如之前已经指出的，必须开始一个新的教育过程，这种教育需要开始于早期教育并在大学中继续。但总的来说，除非世界上最负盛名的机构，包括政府机构、学院、科学协会和科学期刊给予这些教学和研究明确需要的支持和关注，否则这种情况不会发

第二十一章 科学与人文学科：形成批判性和创造性思维

生。这种教育改变已经迫在眉睫，人们希望教育能达到今天仍然没有的卓越成果。创造性思维的教学得以被考虑，而大学还没有开始普及教授创造性思维。已有一些课程可以指导和解释这种思维，但它在大多数教育机构中被忽视了。一些著名的科学期刊正在腾出空间，发表作品和社论，创造必要的氛围，让学术界更容易看到这种其他类型的思维对新知识突破性进步的重要性。通过创造性思维，学生得以深入了解，使用批判性和分析性思维更深入和全面地解决问题。有了这种思维，学生将可以找到意想不到、不可预测、开创性、新颖且富有创造性的答案。

在教授学生这种创造性思维并接受训练的过程中，面对一个特定的、非常困难的问题，他们被要求思考多种解决方案，在找到了一个方案后，意识到这不是最终的答案，因为可能还有其他更好的解决方案。他们被教导要以允许产生尽可能多的想法的方式来看待问题，这被称为创造联想思维的

► **教育脑科学**

氛围。然后,学生们被要求花尽可能多的时间来寻找解决方案,甚至在一段时间内让他们放弃思考去做其他事情,让思想自由流浪,因为我们知道如果学生的动力很强,他的思想会无意识地处理这个问题,可能会突然产生一个全新的、不同的、前所未有的想法。这个过程发生于头脑精神飘忽、放松的时候。这种思维和新思想需要一种不同于批判性思维和分析性思维的神经基础,需要召集分布在大脑两个半球,特别是右半球的颞皮质的神经网络。

第二十二章　神经教育工作者：培训新的专业人员

如果像一些指标所显示的那样，现在出生或不久将出生的孩子遇到的60%～70%的职业都将与当前的职业不同，是全新的，那我认为其中之一很可能是神经教育家。这种教学专业人员需要接受基于教育和教学本身的基础神经科学知识（大脑如何工作）的培训。这些专业人士可以将这些新知识传递给教师、家长、各种教育机构、媒体，甚至国家教育政策的制定者，为基于证据和超越观察的教育提供基础。这是

▶ 教育脑科学

一种以科学方法为基础的新教育。神经教育家需要对神经科学（认知神经科学）的知识进行更新，消除不断出现的许多神经神话、虚假真相，将基于大脑工作原理研究的新发现和知识传递给教师，让他们更加清晰地理解大脑是我们情感、行为、学习和记忆的最终来源。

目前，不同学科的进步使人们有可能在儿童的大脑和心理问题中发现阻碍他们在课堂上正常学习的因素。认知神经科学的某些进步使我们能够分析教育的组成部分，如好奇心、注意力、情感和认知，这可以帮助我们更好地学习或教学。但人们也普遍意识到，现在仍然很难将这些知识系统地应用到学校教育中，并帮助教师们从中获益的进展。人们越来越迫切地需要将神经科学和教育结合起来，在这两个知识领域之间建立一座坚实的桥梁，因为我们确实可以获得可用于良好教学的新知识。过去，关于教育的理论大多基于行为观察，而现在教育工作者已经开始认真对待大脑在个人学习

第二十二章 神经教育工作者：培训新的专业人员

过程中的作用。大脑在学习过程中的工作机制是当代教学界的热门话题，因为这可以给我们带来新知识，从而创造新的技术和有用的工具来进行更有效的教学。

教师们早就意识到许多孩子在课堂上学习时面临的成千上万的问题，这些可能与不同感觉模式有关，比如视觉、听觉等，也可能与本书第十八章中介绍的案例相似。有些儿童可能很难根据声音学习字母，但当他们看到单词时能够做到这一点，或者在视觉上可以很好地阅读但在书写时不能再现这种阅读的情况。成百上千的障碍和症状影响了儿童的正常教育和学习过程。教育工作者也意识到，他们在教育天才儿童的方式方面存在局限性，需要找到激发这些儿童兴趣和好奇心的最佳方式以提高他们的心理表现。此外，教育工作者在确保表现优异的孩子不会产生反感情绪，让他们感觉良好，产生同情心，并培养能够在社会中变得更好的执行才能。我们必须找到与孩子个性保持一致的不同的教学方法，

▶ **教育脑科学**

因为每个孩子都存在个性差异。几乎所有的老师都认为,这一切都应该来自神经科学、心理学和行为科学之间更密切的结合。

这些都简要说明了教师对大脑的兴趣。问题在于,教师们对神经科学家是否是传递这一新知识的最佳人选持保留态度。大家都知道,科学家们经常使用复杂难懂的术语,而传播这些知识需要使用简单、直接和易懂的语言。因循这些思路,有人认为,那些已经远离了一线神经科学研究,致力于教育并拥有教学经验的人可能是最适合传递新知识的人。也有人认为,这些人也是反馈和引导与教师互动交流的桥梁,以帮助积极研究教育问题的神经科学家设计新的实验或策略,并获得对教育有价值的成果。从这场可能性的风暴中,一个新的专业人士的形象被构思出来,被称为神经教育家。这个新的职业已经被谈论有一段时间了,但仅限于理论上的提出,并没有取得实际的应用,也许现在它才开始真正发挥

第二十二章 神经教育工作者：培训新的专业人员

重要性。神经教育家，无论其研究领域是否是神经科学，都应该在跨学科的视角下受过培训，能够充当大脑及其工作方式知识与教师之间的桥梁，向教师传授适用于教学的神经科学的最新知识，并使他们能够检测孩子身上存在的某些疾病或缺陷，即那些阻碍了孩子们良好、正确学习的细微症状，从而联系父母，将这些孩子们引导给专家——心理学家或医生。

神经教育家可以被视为"参考教师"，是一位具有与学校教师互补能力的特殊教师，他可以帮助学校教师从一开始确认哪些孩子在阅读、写作或学习数学方面存在一定的缺陷，也能发现哪些孩子有非凡的能力。因此，受过远胜于教师教育培训的神经教育学家，我们可以把他视为一个有特权的观察者，能够尽早识别刚才提到的问题，并发现那些有特殊才能的孩子，在早期发展和提高他们的能力，使他们的学习更进一步发展和进步。神经教育家还可以成为正确阅读和批评神经科学的基础知识的专业教师，从而评估和评价学校提供的关于在课堂上应用这些知识的最优方案。

神经教育家应该像顾问一样，从每个学生那里获得有关个人的缺陷问题，以及课堂上可能出现相关问题的个人信息。这样一来，神经教育家与其他教师一起就可以帮助他们开展教学工作。此外，神经教育家不仅能很好地理解日常教学，而且能够以某种方式指导或帮助教师指定新的方案和研究如何在实践的基础上更好、更容易地发现任何儿童在课堂上表现出的缺陷。神经教育工作者应接受特殊的课程，即除了一般教师所需的课程培训外，还应接受使他能够发现干扰学习的最常见症状的课程，例如教育心理学、神经心理学、神经病学和医学课程。学校需要这些专业人员。我认为他们是未来并已出现在当下的职业人才。

就社会影响力来说，未来的神经教育家很可能成为一个备受关注的职业。这一职业需要对教育领域及现代社会中快

第二十二章 神经教育工作者：培训新的专业人员

速发展的相关事态进行持续更新培训。目前，心理学、神经科学和机器人学（学习型机器人）的发展已趋于融合，因此人们认为教育理论很快就会发生深刻的变革，并将产生适用于儿童学习环境的新设计。社交因素有着强大影响力，是学习成功的关键。许多专家都在思考，为什么人们小时候的社交和情感互动会成为学习的强大催化剂？就增强儿童对周围人和事物的自然好奇心来说，有哪些关键的社会因素？人们认为对这些基本问题的解答可能会催生出一门新的学习科学①。

对于这一具有较大未来可能性的现有学科，神经教育家所需要的专业证书和学位文凭可能需要的具体课程已经有了一些详细的构想。以下是我给出的课程提纲：

（1）神经教育家应该全面了解包括从受孕到人类发育

---

①学习科学：主要研究如何支持和促进人在整个生命历程中的学习活动，通过教学的、技术的和社会政策方面的创新来促进教育的改善。

全阶段的人体解剖学知识,并完成基础神经生物学的完整课程。

(2)应具备足够的心理学、神经病学和神经心理学知识,并参加临床神经生理学课程,从而能够发现影响儿童的主要疾病、综合征或脑损伤的症状。

(3)感官、视觉、听觉和触觉生理学,学习、记忆、注意力、情感、认知和运动功能的基础课程。

(4)发育生理学和病理生理学课程,特别关注可能干扰阅读、拼写、写作和数学学习的感觉和运动障碍。

(5)一门促进言语交际及其情感(共情)教学的课程,需要了解语言的结构和基本单元,如语速、单词、短语、语调和短语的韵律。

(6)个性发展课程,有助于发现与同学或教师关系中的心理问题。

结　论

从神经生物学的角度来说，学习新知识意味着改变大脑。由此可见，神经科学，尤其是认知神经科学，对教育具有重要影响。因此，如果我们想推进改善小学、高中、大学甚至老年人的学习，了解大脑的功能，从如何处理感官信息和执行运动行为，到认知功能、情感、注意力、昼夜节律以及学习和记忆本身的神经机制都很重要。除此之外，神经科

教育脑科学

学还有助于破译大脑中构建人的个性的底物①。进而,这一知识将有助于理解影响儿童教育和教学的发育障碍,使神经教育工作者能够在儿童中发现这些障碍,并在同一发育过程中进行治疗干预。神经教育也就是研究和应用大脑的知识以推进更好的教学。

许多人都承认神经教育是一个全新、有前途的学科领域;但也有人对这种"危险"的热情提出了警告,对这种新的教育方法表示怀疑;也有人说,这两种态度都不利于神经教学与教育领域的发展和研究。这些评论应该被视为有积极意义的,因为它们有助于找到神经教育的新视角、适用性以及真正价值所在,从而能够从实用和有益两个方面来定义或界定神经教育的内容和适用的界限或边际。神经教育可能仍然包含着更多的问题,而不是答案,因为"神经"目前是一

---

① 底物:参与生化反应的物质,可为化学元素、分子或化合物,作用可形成产物。一个生化反应的底物往往同时也是另一个化学反应的产物。

结 论

个在内容范围和深度方面都还在不断延伸的巨大领域。相关问题包括：对于改变大脑的训练，我们能受益几何？如果我们对一些认知技能进行选择性的行为训练，那么不管孩子的先天条件怎样，这些选择性的行为训练是否都能提高他们的整体表现，并使其能力更强？哪些儿童群体更有可能取得进步？这些变化会持续多久？在发展过程中，哪些可塑性窗口更适合采取行动？这些训练能够适用于在校外开展的大脑开发的应用实践吗？我们是否有希望找到能够帮助改善甚至消除儿童终身学习缺陷的行为干预措施？是否可以设计一些项目来帮助儿童为他们成年后在所处社会中遇到的挑战做好准备？鉴于所发现的认知优势，是否应该让所有儿童从小就掌握双语或三门语言？类似这样的问题还有很多，但毫无疑问，通过这些问题，我们至少了解了神经教育的现状和它的价值闪光点。

参考书目

Alberts, B. (2009): *Redefining science education, Science* 323, 437.

— (2010): *An education that inspires, Science* 330, 427.

— (2010): *Science education web sites, Science* 327, 504.

— (2011): *Getting education right, Science* 333, 919.

Alonso, J. M. (2017): *El mito de los quince minutos de atención, Blog de Neurociencia.*

Amodio, D. M., y Frith, Ch. D. (2006): *Meeting of minds:*

the medial frontal cortex and social cognition, *Nature Rev. Neurosci.* 7, 26-277.

Anderson, W. A.; Banerjee, U.; Drennan, C. L.; Elgin, S. C. R.; Epstein,I. R.; Handelsman,J.; Hatfull, G. F.; Losick, R.; O'Dowd, D.K.; Olivera, B. M.; Strobel, S. A.; Welker, G. C., y Warner, I. M.(2011): *Changing the culture of science education at research universities*, Science 331, 152-153.

Ansari, D., y Coch, D. (2006): *Bridges over trouble waters: education and cognitive neuroscience*, Trends in Cognitive Neuroscience 10,146-151.

Autism (2012): Nature Outlook Suplement, *Nature* 491, S1-S20.

Badre, D.; Hoffman, J.; Cooney, J. W., y D'Exposito, M. (2009): *Hierarchical cognitive control deficits following damage to the human frontal lobe*, Nature Neurosci. 12,515-522.

Bahrami, B.; Olsen, K.; Latham, P. E.; Roepstorff, A.; Rees, G., y Frith Ch. D. (2010): *Optimally interacting minds*, Science 329, 1081-1085.

Bain K. (2004): *What the Best Collage Teachers Do*, Cambridge, Massachusetts, Harvard University Press [ed. cast.: *Lo que hacen los mejo-res profesores universitarios*, Valencia, Publicaciones de la Universidad de Valencia, 2001].

Baker, D. P.; Salinas, D., y Eslinger, P. J. (2012): *An envisioned bridge: Schooling as a neurocognitive developmental institution*, Developmental Cog. Neurosci. 25, S6-S17.

Ballesteros, S.; Voelcker-Rehage, C., y Bherer, L. (2018): *Editorial: Cognitive and brain plasticity induced by physical exercise, cognitive training, video games and combined interventions*, Frontiers Human Neurosci. 12, 1-7.

Barde, L. H. F.; Yeatman, J. D.; Lee, E. S.; Glover, G.,

y Feldman, H. M. (2012): *Differences in neural activation between preterm and full term born adolescents on a sentence comprehension task: implications for educational accommodations, Developmental Cog. Neurosci.* 25, S114-S128.

Barnett, W. S. (2011): *Efectiveness of early educational intervention, Science* 333, 975-978.

Baudouin, S. J.; Gaudias, J.; Gerharz, S.; Hatstatt, L.; Zhou, K.; Punnakkal, P.; Tanaka, K. F.; Spooren, W.; Hen, R.; De Zeeuw, C. I.; Vogt, K., y Schieffele, P. (2012): *Shared synaptic pathophysiology in Syndromic and nonsyndromic rodent models of autism, Science* 338, 128-132.

Bell, P.; Lewenstein, B.; Shouse, A. W., y Feder, M. A. (eds.) (2009): *Learning Science in informal environments, National Academy Press*, Washington D.C.

Benarós, S.; Lipina, S. J.; Segretin, M. S.; Herminda, M.

J., y Colombo, J. A. (2010): *Neurociencia y educación: hacia la construcción de puentes interactivos*, Neurología 50, 179-186.

Bernhardt, B. C., y Singer, T. (2012): *The neural basis of empathy*, Annu. Rev. Neurosci. 35, 1-23.

Berwick, R. C.; Friederici, A. D.; Chomsky, N., y Bolhuis, J. (2012): *Evolution, brain, and the nature of language*, Trends in Cognitive Sciences 17, 89-98.

Blackwell, I. S.; Trzesniewski K. H., y Dweck C. S. (2007): *Implicit theories of intelligence predict achievement across an adolescent transition: a longitudinal study and an intervention*, Child Development 78, 246-263.

Blakemore, S. J. (2008): *The social brain in adolescence*, Nature Rev. Neurosci. 9, 267-277.

—, y Bunge, S. A. (2012): *At the nexus of neuroscience and education*, Developmental Cognitive Neuroscience 25, S1-S5.

—, y Rith, U. (2005): *The learning brain*, Oxford, Blackwell.

Bloom, P., y Welsberg, D. S. (2007): *Childhood origins of adult resistance to science*, Science 316, 996-997.

Boggs, G. R. (2010): *Growing roles for science education in community colleges*, Science 329, 1151-1152.

Bowers, J. S. (2016): *The practical and principal problems with educational neuroscience, Psychological Rev.* 123(5), 600-612.

Bruer, J. T. (1997): *Education and the brain: A bridge too far, Educational Researcher* 26, 4-16.

Buckholtz, J. W.; Treadway, M. T.; Cowan, R. L.; Woodward, N. D.; Li, R.; Sib Ansari, M.; Baldwin, R. M.; Schwartzman, A. N.; Shelby, E. S.; Smith, C. E.; Kessler, R. M., y Zald, D. H. (2010): *Dopaminergic network differences in human impulsivity*, Science 329, 532.

Bueno, D. (2017): *Neurociencia para educadores*, Barcelona, Octaedro.

Butterworth, B.; Varma S., y Laurillard, D. (2011): *Dyscalculia: from brain to education*, Science 332, 1049-1053.

Cameron, W., y Chudler, E. (2003): *A role for neuroscientists in engaging young minds*, Nature Rev. Neurosci. 4, 1-6.

Camus, A. (2017): *El mito de Sísifo*, Madrid, Alianza Editorial.

Chauvette, S.; Seigneur J., y Timofeev, I. (2012): *Sleep oscillations in the thalamocortical system induce longterm neuronal plasticity*, Neuron 75: 1105-1113.

Cicerón, M. T. (2000): *Bruto (Historia de la elocuencia romana)*, Introducción, traducción y notas de Manuel Mañas,

Madrid, Alianza Editorial.

Crone, E. A., y Dahl, R. E. (2012): *Understanding adolescence as a period of social-affective engagement and goal flexibility*, Nature Rev. Neurosci. 13, 636-650.

Cruickshank, W. M. (1981): *A new perspective in teacher education: the neuroeducator*, J. Learning Disabilities 14, 337-367.

Csibra, G., y Gergely, G. (2011): *Natural pedagogy as evolutionary adaptation*, Phil. Trans. R. Soc. B. Sci. 366, 1149-1157.

De Dreu, C. K. W.; Greer, L. L.; Handgraaf, M. J. J.; Shalvi, S.; Van Kleef, G. A.; Baas, M.; Ten Velden, F. S.; Van Dijk, E. V., y Feith, S. W. W. (2010): *The neuropeptide oxytocin regulates parochial altruism in intergroup conflict among humans*, Science 328, 1408-1411.

Dehaene, R. L. (2011): *Teaching creative science thinking*, Science 334, 1499-1500.

Dehaene S. (2011): *The number sense: How the mind creates mathematics*, Oxford, Oxford University Press.

— (2019): *¿Cómo aprendemos? Los cuatro pilares con los que la educación puede potenciar los talentos de nuestro cerebro*, Buenos Aires, Siglo XXI Editores.

—, Cohen, L.; Norais, J., y Kolinsky, R. (2015): *Illiterate to literate: behavioural and cerebral changes induced by reading acquisition*, Nature Rev. Neurosci. 16, 234-244.

—, Molko, N.; Cohen, L., y Wilson, A. J. (2004): *Arithmetic and the brain*, Curr. Opin. Neurobiol. 14, 218-224.

—, Pegado, F.; Braga, L. W.; Ventura, P.; Filho, G. N.; Jobert, A.; Dehaene- Lambertz, G.; Kolinsky, R.; Morais, J., y Cohen, L. (2010): *How learning to read changes the cortical networks for vision and language, Science* 330, 1359-1364.

—, Spelke, E.; Pinel, P.; Stanescu, R., y Tsivkin P. (1999): *Source of mathematical thinking: behavioural and brain-imaging evidence, Science* 284, 970-974.

Della Sala, S. (ed.) (2002): *Mind Myths*, Nueva York: Wiley & Sons.

— (ed.) (2007): *Tall tales about the mind and brain*, Oxford, Oxford Univ. Press.

Deng, W.; Aimone, J. B., y Gage, F. H. (2010): *New neurons and new memories: How does adult hippocampal neurogenesis affect learning and memory?*, *Nature Rev. Neurosci.* 11, 339-350.

Dennett, D. C. (2017): *De las bacterias a Bach*, Barcelona, Pasado & Presente. Deslauriers, L.; Schelew, E., y Wieman, C. (2011): *Improved learning in a large-enrollment physics class*,

Science 332, 862-864.

Diamond, A., y Lee, K. (2011): *Interventions shown to aid executive function development in children 4 to 12 years old*, *Science* 333, 959-964.

Diamond, J. (2010): *The benefits of multilingualism*, *Science* 330, 332-333.

Dinstein, Ll.; Thomas, C.; Humphreys, K.; Minshew, N.; Behrmann, M., y Heeger, D. J. (2010): *Normal movement selectivity in Autism*, *Neuron* 66, 461-469.

Doi, S.; Fujiwara, T.; Isumi, M., y Kato, T. (2018): *Relationship between leaving children at home alone and their mental health: Results for the A-CHILD study in Japan*, *Frontiers Psych.* 9, 1-11.

Dong, G.; Hu, Y., y Lin, X. (2013): *Reward/punishment sensitivities among internet addicts: implicatios fot their addictive behaviors. Prog. Neuropsychopharmacol, Biol. Psychiatry* 46, 139-145.

Du, S.; Tao, Y., y Martínez, A. M. (2014): *Compound facial expressions of emotion PNAS III*, 5454-5463.

Dubinsky, J. M. (2010): *Neuroscience education for prekindergarten-12teachers, J. Neurosci.* 30, 8057-8060.

Durant, J., y Ibrahim, A. (2011): *Celebrating the culture of science, Science* 331, 1242.

Evans, J. A., y Foster, J. G. (2011): *Metaknowledge, Science* 331, 721-725.

Fangiolini, M.; Jensen, C. L., y Champagne, F. A. (2009): *Epigenetic influences on brain development and plasticity, Curr. Opinion in Neurobiol.* 19, 1-6.

Feldon, D. F.; Maher, M. A., y Timmerman, B. E. (2010): *Performance-based data in the study of STEB Ph.D. Education,*

Science 329, 282-283.

Fernández-Ballesteros, R.; Molina, M. A.; Schettini, R., y Del Rey, A. L. (2012): *Promoting active aging through university programs for older adults*, *GeroPsych* 25, 145-154.

Fischer, K. W.; Daniel, D. B.; Immordino-Yang, M. H.; Stern, E.; Battro, A., y Koizumi, H. (2007): *Why mind, brain and education? Why now?*, *Mind, Brain and Education* 1, 1-2.

Fisher, A. (2014): *Epigenetic memory: the Lamarckian brain*, *EMBO J.* 33, 945-967.

Fisher, M.; Goddu, M. K., y Keil, F. C. (2015): *Searching for explanatios: how the internet inflates estimates of internal knowledge*, *J. Exp. Psychol. Gen.* 144, 674-687.

Fleming, S. M.; Weil, R. S.; Nagy, Z.; Dolan, R. J., y Rees, G. (2010): *Relating introspectrive accuracy to individual differences in brain structure*, *Science* 329, 1541-1543.

Fores, A.; Gamo, J. M.; Guillen, J. C.; Hernández, T.; Ligioiz, M.; Pardo, F., y Trinidad, C. (2015): *Neuromitos en educación*, Barcelona, Plataforma.

Fuller, J. K., y Glendening, J. G. (1985): *The neuroeducator: professional of the future*, Theory into Practice 24, 135-137.

Gage, F. H., y Muotri A. R. (2012): *What makes your brain unique?*, Scientific American. March 2012, 20-25.

García-Gual. (2014): *Diccionario de mitos*, Madrid, Turner.

Gardner, H. (2008): *Quandaries for Neuroeducators*, Mind, Brain and Education 2, 165-168.

Golan, O., y Baren-Cohen, S. (2006): *Systemizing empathy: teaching adults with Asperger syndrome and high functioning autism to recognise complex emotions using interactive media*, Dev. Pyschopathol. 18, 589-615.

Golombeck, D. A., y Cardinali, D. P. (2008): *Mind, Brain, Education and biological timing, Mind, Brain and Education 2*, 1-6.

Gómez-Pinilla, F. (2008): *Brain foods: the effects of nutrients on brain function, Nature Rev. Neurosci. 9*, 568-578.

Goswami, U. (2006): *Neuroscience and education: from research to practice?, Nature Rev. Nerurosci. 7*, 406-413.

— (2015): *Sensory theories of developmental dyslexia: three challenges for research, Nature Rev. Neurosci. 16*, 43-54.

— (2020): *Reading acquisition and developmental dyslexia. Educational Neuroscience and Phonological skills*, en: Thomas, M., *et al.* (eds.), *Educational Neuroscience: Development Across the Life Span*, 144-168.

Greenfield, D. (2011): *The addictive properties of internet usage. En: K. S. Young y C. N. de Arbeu editors, Internet addiction: a handbook of guide to evaluation and treatment*, Hoboken, NJ: John Wiley.

Groch, S.; Wilhelm, I.; Diekelmann, S., y Born, J. (2012): *The role of REM sleep in the processing of emotional memories: Evidence from behaviour and event-related potentials, Neurobiol. Learn Mem.* Doi: 10.1016/j.nlm.2012.10.006.

Gross, C. T., y Canteras, N. S. (2012): *The many paths of fair, Nature Rev. Neurosci.* 13, 651-658.

Gruber, M. J.; Gelman, B. D., y Ranganath, Ch. (2014): *States of curiosity modulate hippocampus-dependent learning via the dopaminergic circuit*; *Neuron* 84, 486-496.

Grüter, T., y Carbon, C-Ch. (2010): *Escaping attention, Science* 328, 435-436.

Guillen, J. C. (2017): *Neuroeducación en el aula: De la teoría a la práctica*, (autoedición) Create Space.

Hackman, D. A., y Farah, M. J. (2009): *Socioeconomical status and the developing brain, Trends Cogn. Science* 13, 65.

Han, S., y Northoff, G. (2008): *Culture-sensitive neural substrates of human cognition: a transcultural neuroimaging approach, Nature Rev. Neurosci.* 9, 646-654.

Henswch, T. K. (2005): *Critical period plasticity in local cortical circuits, Nature Rev. Neurosci.* 6, 877-888.

Hillman, Ch. H.; Erickson, K. I., y Kramer, A. F. (2008): *Be smart, exercise your heart: exercise effects on brain and cognition, Nature Rev. Neurosci.* 9, 58-65.

Hirsh-Pasek, K., y Bruer, J. T. (2007): *The brain/education barrier, Science* 317, 1293.

Hjetland, H. N.; Lervag, A.; Solveig-Alma H. L.; Hagtvet, B.; Hulme, Ch., y Melby-Lervag, M. (2019): *Pathways to reading comprehension: a longitudinal study from 4 to 9 years* of age, *J. Educational Psychol.* 111, 751-763.

Howard-Jones, P. A. (2024): *Neuroscience and education: Myths ans messages, Nature Rev. Neurosci.* 15, 817-824.

Huston, J. P.; Nadal, M.; Mora, F.; Agnati, L. F., y Cela-Conde, C. J. (2015): *Art, Aesthetics and the Brain*, Oxford, Oxford University Press.

Huth, A. G.; De Heer, A.; Griffith, F. E., y Galllant, J. L. (2016): *Natural speech reveals the semantic maps that tile human cerebral cortex, Nature* 532, 453-458.

Hutton, J. S.; Dudley, J.; Horowitz-Kraus, T.; DeWitt, S., y Holland, S. K. (2020): *Associations between home literacy environment, brain white matter integrity and cognitive abilities in preschool-age children, Acta Pediatrica* 109, 1376-1386.

Immordino-Yan, M. H., y Damasio, A. (2007): *We feel, therefore we learn: the relevance of affective and social* neuroscience to education, *Mind Brain and Education* 1, 3-10.

Jack, R. E.; Garrod, O. G. B., y Schyns, P. G. (2014): *Dynamic facial expressions of emotion transmit an evolving hierarchy of signals over time*, Current Biology 24, 187-192.

Janak, P. M., y Tye, K. M. (2015): *From circuits to behaviour in the amygdala*, Nature 517, 284-292.

Johnson, M. H. (2001): *Funcional brain development in humans*, Nature Rev. Neurosci. 2, 475-483.

Kang, M. J.; Hsu, M.; Krajbich, I. M.; Loewenstein, G.; McClure, S. M.; Wang, J. T., y Camerer, C. F. (2013): *The wick in the candle of learning. Epistemic curiosity activates reward circuitry and enhances memory*, Psychological Science 20, 963-973.

Kant, I. (2003): *Pedagogía*, Barcelona, Akal.

Katzir, T., y Paré-Blagoev, J. (2006): *Applying cognitive*

neuroscience research to education: The case of literacy, *Educational Pyschologist* 4, 53-74.

Keil, F. C. (2011): *Science starts early, Science* 331, 1022-1023.

Kosak-Babuder, M.; Kormos, J.; Ratajczak, M., y Pizorn, K. (2019): *The effect of read-aloud assistance on the text comprehension of dyslexic and non-dyslexic English language learners, Language Testing* 36, 51-75.

Kramer, S. N. (2019): *La historia empieza en Sumer*, Madrid, Alianza Editorial.

Kuhl, P. K.; Stevenson, J.; Corrigan, N. M.; Van Den Bosch, J. J. F.; Can, D. D., y Richards, T. (2016): *Neuroimaging of the bilingual brain: Structural brain correlates of listening ans speaking in a second language, Brain and Language* 162, 1-9.

Kujala, T.; Karma, K.; Ceponiene, R.; Belitz, S.; Turkkila, P.; Tervaniemi, L., y Näätänen, R. (2001): *Plastic neural changes and reading improvement caused by audiovisual training in reading-impaired children, PNAS* 98, 10509-10514.

Kuss, D. J.; Griffiths, M. D.; Karila, L., y Billieux, J. (2014): *Internet addiction: a systematic review of epidemiological research fot the last decade, Curr. Pharm. Des.* 20, 4026-4052.

LaBar, K. S., y Cabeza, R. (2006): *Cognitive neuroscience of emotional memory, Nature Rev. Neurosci.* 7, 54-64.

Leppänen, J. M., y Nelson, Ch. A. (2009): *Tuning the developing brain to social signals of emotions, Nature Rev. Neurosci.* 10, 37-47.

Lezak M. D. (2012): *Neuropsychological Assessment*, Oxford, Oxford University Press.

Liliendfeld, S. O; Lynn, S. J.; Ruscio, J., y Beyerstein, L.

(2010): *50 great myths of popular psychology*. Nueva York, Wiley-Blackwell.

Lofthouse, R. (2015): *Forget your delusions and be happy*, Oxford Today. The university Magazine 28, 35-37.

Loh, K. K., y Kanai, R. (2015): *How has the internet reshaped human cignition?*, The Neuroscientis 22, 1-15.

Lovett-Barron, M.; Kaifosh, P.; Kheirgek, M. A.; Danielson, N.; Zaremba, J. D.; Reardon, T. R.; Turi, G. F.; Hen, R.; Zemelman, B. V., y Losonczy, A. (2014): *Dendritic inhibition in the hippocampus supports fear learning*, Science 343, 857-863.

Lupien, S. J.; McEwen, B. S.; Gunnar, M. R., y Heim, Ch. (2009): *Effects of stress throughout the lifespan on the brain, behaviour and cognition*, Nature Rev. Neurosci. 10, 434-445.

Macdonald, K.; Germine, L.; Anderson, A.; Christodoulou,

J., y McGrath, L. M. (2017): *Dispelling the Myth: Training in Education or Neuroscience Decreases but Does Not Eliminate Beliefs in Neuromyths, Front. Psychol.* 8, 1-16.

MacNabb, C.; Schmitt, L.; Michlin, M.; Harris, I.; Thomas, L.; Chittendon, D.; Ebner, T. J., y Dubinsky, J. M. (2006): *Neuroscience in middle schools: A professional development and resource program that models inquiry-based strategies and engages teachers in classroom implementation, CBE-Life Sciences Education* 5, 144-157.

McRae, K.; Misra, S.; Prasad, A. K., y Grosss, J. J. (2012): *Botom-up and top-down emotion generation: implications for emotion regulation, Soc. Cogn. Affect. Neurosci.* 7, 253-262.

Makinodan, M.; Rosen, K. M.; Ito, S., y Corfas, G. (2012): *A critical period for social experience-dependent oligodendrocyte maturation and myelination, Science* 337,

1537-1360.

Matsumoto, K., y Tanaka, K. (2004): *Conflict and cognitive control*, Science 303, 969-970.

Maya, N., y Rivero, S. (2010): *Conocer el cerebro para la excelencia en la educación*, Zamudio, Vizcaya, Innobasque.

Meltzoff, A. N.; Kuhl, P. K.; Movellan, J., y Sejnowski, T. J. (2009): *Foundations for a new science of learning*, Science 325, 284-288.

Mervis, J. (2010): *A way to heal science education, but is there the political will?*, Science 329, 1582-1583.

Miller, G. (2010): *New Clues about what makes the human brain special*, Science 330, 1167.

Miller, S.; Pfund, Ch.; Pribbenow, Dh., y Handelsman, J. (2008): *Scien-tific teaching in practice*, Science 322, 1329-1330.

Minear, M.; Brasher, F.; McCurdy, M.; Lewis, y J.

Younggren, A. (2013): *Working memory, fluid intelligence and impoulsiveness in heavy media multitaskers*, Psychon Bull. Rev. 20, 1274-1281.

Mohanty, A., y Sussman, T. J. (2013): *Top-down modulation of attention by emotion*. Frontiers in Human Neuroscience 7, 1-7, 2013 doi: 10:3389/fnhum 00102.

Mora, F. (2000): *El cerebro sintiente*, Barcelona: Ariel.

— (2007): *Neurocultura*, Madrid, Alianza Editorial.

— (2009): *Cómo funciona el cerebro*, Madrid, Alianza Editorial.

— (2012): *¿Está nuestro cerebro diseñado para la felicidad?*, Madrid, Alianza Editorial.

— (2015): *¿Es posible una cultura sin miedo?*, Madrid, Alianza Editorial.

— (2015): *Neuroculture. A new cultural revolution?*, en: J.

P. Huston; M. Nadal; F.. Mora; L. F. Agnati, y C. J. Cela-Conde, *Art, Aesthetics and the Brain*, Oxford, Oxford University Press.

— (2016): *Cuando el cerebro juega con las ideas,* Madrid, Alianza Editorial.

— (2017): *¿Cómo funciona el cerebro?*, Madrid, Alianza Editorial.

— (2018): *Mitos y verdades del cerebro*, Barcelona, Paidós.

— (2020): *Neuroeducación y lectura*, Madrid, Alianza Editorial.

—, y Peña, A. (1998): *Desarrollo cerebral y adolescencia.* En J. M. Segovia y F. Mora (eds.), *Sociopatología de la adolescencia*, Madrid, Farmaindustria.

—, y Sanguinetti, A. M. (2002): *Diccionario de Neurociencia*, Madrid, Alianza Editorial.

—; Segovia, G., y Del Arco, A. (2007): *Aging plasticity*

and environmental enrichment: structural changes and neurotransmitter dynamics in several areas of the brain, Brain Res. Rev. 55, 78-88.

—; De Blas, M., y Garrido, P. (2012): *Stress, Neurotransmitters, Corticosterone and body brain integration*, Brain Res. 1476, 71-85.

Morishima, Y.; Schunk, D.; Bruhin, A.; Ruff, Ch. C., y Fehr, E. (2012): *Linking brain structure and activation in temporoparietal junction to explain the neurobiology of human altruism*, Neuron 75, 73-79.

Noble, K. G.; Tottenham, N., y Casey, B. J. (2005): *Neuroscience perspectives on disparities in school readiness and cognitive achievement*, The future of Children 15, 71-89.

Norenzayan, A. (2011): *Explaining human behavioural diversity*, Science 332, 1041-1042.

OECD (2007): *Understanding the brain. The Birth of a Learning-Science, París, OECD.*

Ortiz, T. (2009): *Neurociencia y Educación*, Madrid, Alianza Editorial.

Owen, A. M.; Hampshire, A.; Grahn, J. A.; Stenton, R.; Dajani, S.; Burns, A. S.; Howard, R. J., y Ballard, C. G. (2010): *Putting brain training to the test Nature, Nature* 465, 775-779. doi:10.1038/ nature 09042.

Park, G., y Thayer, J. F. (2014): *From the heart to the mind: cardiac vagal tone modulates top-down and botton-up visual perception and attention to emotional stimuli, Front Psychol.* 5, 278-288.

Parker, D., y Boutelle, K. (2009): *Learn, Disabil. Res. Pract.* 24, 204.

Paulesu, E.; McCrory, E.; Facio, F.; Menoncello, L.;

Brunswick, N.; Cap-pa, S. F.; Cotelli, M.; Cossu, G.; Corte, F.; Lorusso, M.; Pesenti, S.; Gallagher, A.; Perani, D.; Price, C.; Frith, C. D., y Frith, U. (2000): *A cultural effect on brain function*, Nature Neurosci. 3, 91-96.

Pauls, D. L.; Abramovitch, A.; Rauch, S. L., y Geller, D. A. (2014): *Obsessive-compulsive disorder: an integrative genetic and neurobiological perspective*, Nature Rev. Neurosci. 15, 410-424.

Paus, T.; Keshavan, M., y Giedd, J. N. (2008): *Why do many psychiatric disorders emerge during adolescence?*, Nature Rev. Neurosci. 9, 947-957.

Pessoa, L. (2008): *On the relationship between emotion and cognition*, Nature Rev. Neurosci. 9, 148-158.

—; Oliveira, L., y Pereira, M. (2013): *Top-down attention and the processing of emotional stimuli*, en J. Armony y P.

Vuillemier (eds.), *The Cambridge Handbook of Human Affective Neuroscience*. Cambridge University Press.

Pine, D. S. (1999): *Pathophysiology of childhood anxiety disorders*, Biol. Psychiatry 46, 1555.

Pinker, S. (2017): *El instinto del lenguaje*, Madrid, Alianza Editorial.

Pulvermüller, F., y Fadiga, L. (2010): *Active perception: sensorimotor circuits as a cortical basis for language*, Nature Rev. Neurosci. 11, 351-360.

Raizada, R. D. S.; Richards, T. L.; Meltzoff, A. N. y Kuhl, P. K. (2008): *Socioeconomic status predicts hemispheric specialisation of the left inferior frontal gyrus in young children*, Neuroimage 40, 1392.

Raz, A., y Buhle, J. (2006): *Typologies of attentional Networks, Nature Rev. Neurosci.* 7, 367-379.

参考书目

Reif, F. (2008): *Applying cognitive science to education*, Cambridge, Massachusetts, MIT Press.

Rello, L. (2019): *Superar la dislexia*, Barcelona, Paidós.

Richland, F. (2020): *The functional neuroanatomy of development dyslexia across languages and writing systems*, *Frontiers Physiol.* 11, 155-162.

Rueckl, J. G.; Paz-Alonso, P. M.; Molfese, P. J.; Kuo, W. J.; Bick, A.; Frost, S. J.; Hancock, R.; Wu, D. H.; Menci, W. E.; Duñabeitia, J. A.; Lee, J. R.; Oliver, M.; Zevin, J. D.; Hoeft, F.; Carreiras, M.; Tzeng, O. J. L.; Pugh, K. R., y Frost, R. (2015): *Universal brain signature of proficient reading: Evidence from four contrasting languages*, *PNAS* 112, 15510-15515.

Rueda, M. R.; Rothbart, M. K.; McCandliss, B. D.; Saccomanno, L.; Posner, M. L. (2005): *Training, maturation and genetic influences on the development of executive attention*, *Proc. Natl. Acad. Sci. USA* 102, 14931-14936.

Sander, M. C.; Wekle-Bergner, M.; Gerjets, P.; Shing, Y. L., y Lindenberger, U. (2012): *The two-component model of memory development, and its potential implications for educational settings*, *Developmental Cog. Neurosci.* 25, S67-S77.

Santamaria, L.; Noreika, V.; Georgieva, S.; Clackson, K., y Wass, S. (2020): *Emotional valence modulates the topology of the parent-infant inter-brain network*, *Neuroimage* 207, 1-16.

Schmidt, W. H.; Houang, R., y Cogan, L. S. (2011): *Preparing future math teachers*, *Science* 332, 1266-1267.

Science, language and literacy (2010): *Science* 328, número especial, 447-466.

Shonkoff, J. P. (2011): *Protecting brains, not simply stimulating minds*, *Science* 333, 982-983.

Simos, P. G.; Fletcher, J. M.; Vergman, E.; Breier, J. I.; Foorman, B. R.; Castillo, E. M.; Davis, R. N.; Fitzgerald, M., y Papanicolau, A. C. (2002): *Dislexia-specific brain activation profilr becomes normal following successful remedial training*, Neurology 58, 1203-1213.

Singh, I. (2008): *Beyond polemics: science and ethics of ADHD, Nature Rev. Neurosci.* 9, 957-964.

Singh, J.; Hallmayer, J., y Illes, J. (2007): *Interacting and paradoxial forces in neuroscience and society, Nature Rev. Neurosci.* 8, 253-160.

Slingerland, E. (2008): *What Science offers the humanities*, Cambridge, Cambridge University Press.

Smaglik, P. (2011): *Education: time to teach, Nature* 477, 499-501.

Smith, M. S. (2009): *Opening education, Science* 323,

89-93.

Souza, D. A. (2018): *Implicar al cerebro reconectado*, Madrid, Biblioteca Innovación educativa, SM.

Steele, K. M.; Bella, S. D.; Peretz, I.; Dunlop, T.; Dawee, Ll. A.; Humphrey, G. K.; Shannon, R. A.; Kirby Jr., J. L., y Olmstead, C. G. (1999): *Prelude or réquiem for the Mozart effect?*, *Nature* 400, 826-827.

Stern, E. (2005): *Pedagogy meets neuroscience*, *Science* 310, 745.

Stern, P., y Hines, P. J. (2005): *Neuroscience: Systems-Level brain development*, *Science* 801-823.

Stevens, C., y Bavelier, D. (2012): *The role of selective attention on academic foundations: a cognitive neuroscience perspective*, *Develop-mental Cognitive Neuroscience*, vol. 2, 15 de febrero, S30-S48.

Stix, G. (2011): *How to build a better learner*, Scientific American, agosto, 30-37

Taylor, J.; Roehrig, A. D.; Hensler, B. S.; Connor, C. M., y Schatschneider, C. (2010): *Teacher quality moderates the genetic effects on early reading*, Science 328, 512-514.

Tenenbaum, J. B.; Kemp, Ch.; Griffiths, T. L., y Goodman, N. D. (2011): *How to grow a mind: Statistics, structure and abstraction*, Science 331, 1279-1285.

Tierney, A. T.; Krizman, J., y Kraus, N. (2015): *Music training alters the course of adoslescent auditory development*, PNAS 112, 10062-10067.

Tomietto, M., y Gelder, B. (2010): *Neural bases of the non-concoius perception of emotional signals*, Nature Rev. Neurosci. 11, 697-709.

Tononi, G., y Edelman, G. M. (1998): *Consciousness and*

complexity, Science 282, 1846-1851.

Valdez, P.; Reilly, T., y Waterhouse, J. (2008): *Rhythms of mental performance, Mind Brain and Education* 2, 7-16.

Van Der Werf, Y. D.; Altena, E.; Shoonheim, M. M.; Sanz-Arigita, E. J.; Vis, J. C.; De Rijke, W., y Van Someren, E. J. W. (2009): *Sleep benefits subsequent hippocampal functioning, Nature* doi: 10.1038//.2253.

— Van Der Helm, E.; Schoonheim, M. M.; Ridderi-khoff, A., y Van Someren E. J. (2009): *Learning by observation requires an early sleep window, Proc. Natl. Acad. Sci. USA* 106, 18926-18930.

Van Praag, H. (2009): *Exercise and the brain: something to chew on, TINS* 32, 283-290.

Walton, G. M., y Cohen, G. L. (2011): *A brief social-belonging intervention improves academic and health outcomes of minority students*, Science 331, 1447-1451.

Wang, H.; Jin, C.; Yuan, K.; Shakir, T. M.; Mao, C., y Niu, X. (2015): *The alteration of gray matter volume and cognitive control in adolescents with internet game disorder*, Front. Behav. Neirosci. 9, 1-7.

Ward, A. F. (2013): *Supernormal: How the internet is changing our memories and our minds*, Psychol. Inq. 24, 341-348.

Watts, A.; Gritton, H. J.; Sweigart, J., y Poe, G. R. (2012): *Antidepressant suppression of Non-REM sleep siondles and REM sleep impairs hippocampus-dependent learning while augmenting striatum-dependent learning*, Journal Neurosci. 32, 13411-13420.

Werker, J. (2012): *Perceptual foundations of bilingual acquisition in infancy*, Ann. N. Y. Acad. Sci. 1251, 50-61.

Wexler, B. E. (2006): *Brain and culture*, Cambridge, Massachusetts, MIT Press.

Willingham, D. T. (2009): *Three problems in the marriage of neuroscience and education*, Cortex 45, 544-545.

—, y Lloyd, J. W. (2007): *How educational theories can use neurocientific data*, Mind, Brain and Education 1, 140-149.

Xue, G.; Dong, Q.; Chen, Ch.; Lu, Z.; Mumford, J. A., y Poldrack, R. A. (2010): *Greater neural pattern similarity across repetitions is associated with better memory*, Science 330, 97-101.

Xing, L.; Yuang, K.; Yin, J.; Kai, C., y Feng, D. (2014): *Reduded fiber integrity and cognitive control in adolescents with internet gaming disorder*, Brain Res. 1586, 109-117.

Yan, K.; Cheng, P.; Dong, T.; Bi, Y.; Xing, L., y Yu, D. (2013): *Cortical thickness abnormalities in late adolescence* with online gaming addiction. PLoS One 8:e5355.

Yao, Y. W.; Chen, P. R.; Wang, L. J.; Zhang, J. T., y Yip, S. W. (2015): *Decision-making for riskygain and losses among college students with internet gaming disorder.* PLoS One 10:e0116471.

Zanto, T. P.; Rubens, M. T.; Thangavel, A., y Gazzaley, A. (2011): *Causal role of the prefrontal cortex in top-down modulation of visual processing and working memory*, Nature Neurosci. 14, 656-661.

Zardetto-Schmith, A. M.; Mu, K.; Phelps, C. L.; Houtz, L. E., y Royeen, Ch. B. (2002): *Brains Rule! Fun=learning=neuroscience literacy*, The Neuroscientist 8, 396-404.

Zelazo, P. D. (2016): *The Dimensional Change Card Sort (DCCS): a method of assessing executive function in children*,

Nat Protoc. 1, 297-301.

Zhang, J.; Liu, W.; Zhang, J.; Wu, Q.; Gao, Y.; Jiang, Y.; Gao, J.; Yao, S., y Huang, B. (2018): *Distinguishing adolescents with conduct disorder from typically developing youngsters based on pattern classification of brain structural MRI, Frontiers in Human Neurosci.* 12, 152-160.